学ぶ人は、変えてゆく人だ。

目《め》の前《まえ》にある問題《もんだい》はもちろん、

人生《じんせい》の問《と》いや、社会《しゃかい》の課題《かだい》を自《みずか》ら見《み》つけ、

挑《いど》み続《つづ》けるために、人《ひと》は学《まな》ぶ。

「学《まな》び」で、少《すこ》しずつ世界《せかい》は変《か》えてゆける。

いつでも、どこでも、誰《だれ》でも、

学《まな》ぶことができる世《よ》の中《なか》へ。

旺文社《おうぶんしゃ》

本書の特長と使い方

◆本書が目指す「漢字検定《けんてい》（漢検）」とは、公益財団《こうえきざいだん》法人日本漢字能力《のうりょく》検定協会が主催《しゅさい》する「日本漢字能力検定」のことです。

◆本書は、7日間で漢字検定7級の試験対策《たいさく》をする書き込《こ》み式の直前対策ドリルです。

◆過去《かこ》の検定試験で実際《じっさい》に出題された漢字を、独自《どくじ》にコンピューターで分析《ぶんせき》し、よくでる問題を収録《しゅうろく》しました。出題分野ごとに頻度《ひんど》を分析しましたので、効果的《こうかてき》な学習が可能《かのう》です。頻度の高い漢字は、さまざまな分野で繰《く》り返し収録されています。

◆1〜5日目の練習ドリルは、「読み」「漢字えらび」「画数」「音読み・訓読み」「対義《たいぎ》語」「漢字と送りがな」「同じ部首の漢字」「同じ読みの漢字」「じゅく語作り」「書き取り」の出題分野別に構成《こうせい》しています。

◆6・7日目には、本番形式の予想問題を収録しています。学習の総《そう》仕上げなので、時間をきちんと計って取り組んでください。

◆実際に書き込みながら学習することで、確実《かくじつ》な漢字の知識《ちしき》が身につきます。漢字の解答《かいとう》は、楷書《かいしょ》体で、はねるところ、とめるところなどを、はっきりと書くように気をつけましょう。

◆7級の合格基準《ごうかくきじゅん》は正答率《りつ》70％程度《ていど》です。本書では、各ページに合格点のめやすを表示《ひょうじ》しました。

もくじ

編集協力　株式会社友人社
校正　鈴木充美
装丁・本文デザイン　前田由美子（有限会社アチワデザイン室）
装丁・本文イラスト　三木謙次

出題内容《ないよう》・出題範囲《はんい》

内容／級	6級	7級
漢字の読み	○	○
送り仮名《がな》	○	○
部首・部首名	○	○
筆順・画数	○	○
熟語《じゅくご》の構成《こうせい》	○	
三字熟語	○	○
対義語《たいぎご》・類義語《るいぎご》	○	○
同音・同訓異字《いじ》	○	○
漢字の書取	○	○
	対象漢字 835字（7級までの対象漢字642字＋6級配当漢字193字） ※中学校で習う読みは含《ふく》まない	対象漢字 642字（8級までの対象漢字440字＋7級配当漢字202字） ※中学校で習う読みは含まない ※7級では「類義語」「同訓異字」は出題されない
レベル	小学校 5年生 修了程度《しゅうりょうていど》	小学校 4年生 修了程度
検定《けんてい》時間	60分	60分
検定料	3000円	3000円

●出題対象《たいしょう》となる漢字

漢字検定では、それぞれの級に定められた出題範囲があります。それぞれの級で新たに出題対象となる漢字を配当漢字といい、当該《とうがい》級はそれ以下の級の配当漢字も出題範囲に含まれることが原則《げんそく》です。（上表参照）

●漢字検定7級の採点基準《さいてんきじゅん》

◇採点の対象…筆画を正しく、明確《めいかく》に書かれた字を採点の対象とし、くずした字や乱雑《らんざつ》に書かれた字は採点の対象外です。
◇字種・字体・読み…2～10級の解答《かいとう》は、内閣告示《ないかくこくじ》「常用《じょうよう》漢字表」（平成22年）によります。旧《きゅう》字体での解答は不正解となります。
◇仮名遣《づか》い…内閣告示「現代《げんだい》仮名遣い」によります。
◇送り仮名…内閣告示「送り仮名の付け方」によります。
◇部首…『漢検要覧《ようらん》2～10級対応《たいおう》』（公益財団《こうえきざいだん》法人日本漢字能力《のうりょく》検定協会発行）収録《しゅうろく》の「部首一覧表と部首別の常用漢字」によります。
◇筆順…筆順の原則は、文部省（現文部科学省）編《へん》『筆順指導《しどう》の手びき』（昭和33年）によります。常用漢字ごとの筆順については、『漢検要覧2～10級対応』収録の「常用漢字の筆順一覧」によります。
◇合格《ごうかく》基準…合格のめやすは、正答率《りつ》70％程度です。200点満点ですから、140点以上とれれば合格の可能性《かのうせい》大です。

問い合わせ先
公益財団法人日本漢字能力検定協会
本　部　〒605-0074　京都府京都市東山区祇園町南側551番地
TEL 075-757-8600　FAX 075-532-1110
東京事務所　〒108-0023　東京都港区芝浦3丁目17-11　天翔田町ビル6階
URL　https://www.kanken.or.jp/

7級　配当漢字表（202字）

※漢字検定7級で、新たに出題の対象となる配当漢字202字を五十音順に一覧にしました。

ア	イ	エ	オ	カ	キ	ク	ケ
愛案	以衣位茨印	英栄媛塩	岡億	加果貨課芽賀改械害街各覚潟完官管関観願	岐希季旗器機議求泣給挙漁共協鏡競極	熊訓軍郡群	径景芸欠結建健験

コ	サ	シ	セ	ソ	タ
固功好香候康	佐差菜最埼材崎昨札刷察参産散残	氏司試児治滋辞鹿失借種周祝順初松笑唱焼照城縄臣信	井成省清静席積折節説浅戦選然	争倉巣束側続卒孫	帯隊達単

チ	テ	ト	ナ	ネ	ハ	ヒ	フ	ヘ	ホ	マ	ミ
置仲沖兆	低底的典伝	徒努灯働特徳栃	奈梨	熱念	敗梅博阪飯	飛必票標	不夫付府阜富副	兵別辺変便	包法望牧	末満	未民

ム	ヤ	ユ	ヨ	リ	ル	レ	ロ
無	約	勇	要養浴	利陸良料量輪	類	令冷例連	老労録

※2・3ページの情報《じょうほう》は2023年2月現在《げんざい》のものです。内容は変更《へんこう》されることがありますので、詳《くわ》しくは日本漢字能力検定協会にお問い合わせください。

1日目 練習ドリル

読み

◆次の――線の漢字の読みをひらがなで答えのらんに書きなさい。

答え➡べっさつP.2

合かく点	とく点
13/18	/18

□ 1 家の近所を散歩するのが日課だ。（　　）

□ 2 印刷したばかりの本が積んである。（　　）

□ 3 天候が不順なので予定が立たない。（　　）

□ 4 最後までいられず残念だった。（　　）

□ 5 知らない言葉を国語辞典で引く。（　　）

□ 6 建国記念日に日の丸をかかげる。（　　）

□ 7 勇気のある行動をほめる。（　　）

□ 8 かれとは以前からの知り合いだ。（　　）

□ 9 虫をつかまえて標本にする。（　　）

□ 10 その作家は不思議な話を書く。（　　）

□ 11 大きな使命を達成する。（　　）

□ 12 美しい自然を子孫に残す。（　　）

□ 13 この地方の伝説を本にまとめる。（　　）

□ 14 言ったことは必ず守る。（　　）

□ 15 けがが治ったので運動できる。（　　）

□ 16 人の意見を聞いて考えを改める。（　　）

□ 17 着物に合わせた帯を選ぶ。（　　）

□ 18 お祝いに花束をあげる。（　　）

書き取り

◆次の――線の**カタカナ**を**漢字**になおして答えのらんに書きなさい。

答え➡べっさつP.2

合かく点	とく点
13/18	/18

□ 1 後半だけでも**サン**加してください。（　　）

□ 2 林間学校で**ミン**宿にとまる。（　　）

□ 3 自分にとって**トク**別な人だ。（　　）

□ 4 玉入れ**キョウ**争に出場する。（　　）

□ 5 大**リン**のバラの花が開く。（　　）

□ 6 自**シン**を持って本番にのぞむ。（　　）

□ 7 商店**ガイ**の初売りに行く。（　　）

□ 8 今年の学**ゲイ**会は観客が多い。（　　）

□ 9 週**マツ**に野球の大会がある。（　　）

□ 10 宿題をわすれて反**セイ**する。（　　）

□ 11 **ミ**来の社会に何か残したい。（　　）

□ 12 **ボク**場で草を食べる牛たち。（　　）

□ 13 発表の**ヨウ**点をまとめる。（　　）

□ 14 庭にハチの**ス**を見つけた。（　　）

□ 15 **ハタ**を上げ下げして合図する。（　　）

□ 16 教室は急に**シズ**かになった。（　　）

□ 17 家族ぐるみで**ナカ**良しだ。（　　）

□ 18 春になっても朝の空気は**ツメ**たい。（　　）

漢字えらび

◆次の――線の**カタカナ**に合う**漢字**をえらんで答えのらんに**記号**で書きなさい。

合かく点	とく点
9/12	/12

☐ 1 **シン**用にかかわる問題だ。（**ア** 真　**イ** 信　**ウ** 身）（　　）

☐ 2 男女二組に分かれて合**ショウ**する。（**ア** 照　**イ** 焼　**ウ** 唱）（　　）

☐ 3 学級会の**シ**会をつとめる。（**ア** 仕　**イ** 司　**ウ** 試）（　　）

☐ 4 雨がふらずダムの水位が**テイ**下する。（**ア** 底　**イ** 低　**ウ** 庭）（　　）

☐ 5 **トク**用品をまとめ買いする。（**ア** 徳　**イ** 読　**ウ** 特）（　　）

☐ 6 使い終わった**ホウ**丁をしまう。（**ア** 包　**イ** 放　**ウ** 法）（　　）

☐ 7 この辺りの小学校の**ジ**童が通る道。（**ア** 治　**イ** 児　**ウ** 次）（　　）

☐ 8 やりたい係の**キ**望を聞く。（**ア** 希　**イ** 気　**ウ** 起）（　　）

☐ 9 自分の行いを反**セイ**する。（**ア** 省　**イ** 成　**ウ** 清）（　　）

☐ 10 古都をじっくりと**カン**光する。（**ア** 官　**イ** 観　**ウ** 関）（　　）

☐ 11 都道**フ**県の名前を覚える。（**ア** 夫　**イ** 府　**ウ** 負）（　　）

☐ 12 **キ**節はめぐりまた春が来る。（**ア** 記　**イ** 期　**ウ** 季）（　　）

音読み・訓読み

◆次の漢字の読みは、**音読み**（**ア**）ですか、**訓読み**（**イ**）ですか。**記号**で答えなさい。

答え➡べっさつP.2

合かく点	とく点
14/20	/20

□ 1 飯《めし》（　）

□ 2 卒《そつ》（　）

□ 3 倉《くら》（　）

□ 4 挙《きょ》（　）

□ 5 群《ぐん》（　）

□ 6 城《しろ》（　）

□ 7 塩《しお》（　）

□ 8 栄《えい》（　）

□ 9 沖《おき》（　）

□ 10 労《ろう》（　）

□ 11 底《そこ》（　）

□ 12 単《たん》（　）

□ 13 氏《し》（　）

□ 14 芽《め》（　）

□ 15 管《くだ》（　）

□ 16 初《はつ》（　）

□ 17 漁《りょう》（　）

□ 18 賀《が》（　）

□ 19 松《まつ》（　）

□ 20 梅《うめ》（　）

同じ部首の漢字

◆次の部首のなかまの漢字で□にあてはまる漢字一字を、答えのらんに書きなさい。

合かく点	とく点
17/23	/23

□ ① 頁（おおがい）

念[1]《がん》・親[2]《るい》・[3]《がん》面

1（　　） 2（　　） 3（　　）

□ ② 彳（ぎょうにんべん）

直[4]《けい》・生[5]《と》・期[6]《たい》

4（　　） 5（　　） 6（　　）

□ ③ 艹（くさかんむり）

[7]《く》労・[8]《に》物・[9]《えい》語・野[10]《さい》

7（　　） 8（　　） 9（　　） 10（　　）

□ ④ 木（きへん）

[11]《ざい》料・表[12]《さつ》・機[13]《かい》

11（　　） 12（　　） 13（　　）

□ ⑤ 阝（こざとへん）

兵[14]《たい》・[15]《りく》上・太[16]《よう》

14（　　） 15（　　） 16（　　）

□ ⑥ 囗（くにがまえ）

[17]《こく》民・公[18]《えん》・[19]《こ》定

17（　　） 18（　　） 19（　　）

□ ⑦ 灬（れんが・れっか）

[20]《ねっ》心・自[21]《ぜん》・[22]《む》理・[23]《しょう》明

20（　　） 21（　　） 22（　　） 23（　　）

じゅく語作り

◆上の漢字と下の[　]の中の漢字を組み合わせて**二字のじゅく語を二つ**作り、答えのらんに**記号**で書きなさい。

答え➡べっさつP.3

合かく点	とく点
10/14	/14

□ ① 印

ア 浴　イ 消　ウ 治　エ 刷　オ 卒

1 印　印 2

1（　　）　2（　　）

□ ② 節

ア 調　イ 別　ウ 貨　エ 約　オ 塩

3 節　節 4

3（　　）　4（　　）

□ ③ 側

ア 愛　イ 訓　ウ 面　エ 順　オ 両

5 側　側 6

5（　　）　6（　　）

□ ④ 給

ア 駅　イ 月　ウ 席　エ 次　オ 食

7 給　給 8

7（　　）　8（　　）

□ ⑤ 積

ア 面　イ 欠　ウ 雪　エ 郡　オ 候

9 積　積 10

9（　　）　10（　　）

□ ⑥ 録

ア 初　イ 記　ウ 画　エ 負　オ 種

11 録　録 12

11（　　）　12（　　）

□ ⑦ 達

ア 成　イ 清　ウ 行　エ 速　オ 働

13 達　達 14

13（　　）　14（　　）

2日目 練習ドリル

読み

◆次の——線の**漢字の読み**を**ひらがな**で答えのらんに書きなさい。

答え➡べっさつP.4

合かく点	とく点
13/18	/18

□ 1 テスト前に必死で勉強する。（　　）

□ 2 三角形の面積を計算する。（　　）

□ 3 清流にだけ生息する魚がいる。（　　）

□ 4 自然の中のくらしを体験する。（　　）

□ 5 めだかの成長を観察する。（　　）

□ 6 失敗してもくよくよしない。（　　）

□ 7 その湖には白鳥が飛来する。（　　）

□ 8 家から学校まで徒歩で数分だ。（　　）

□ 9 部屋の照明が暗すぎて見えない。（　　）

□ 10 みさきの灯台を目指して歩く。（　　）

□ 11 週末には遠くへ出かけたい。（　　）

□ 12 子どもは何にでも関心がある。（　　）

□ 13 特別な力を持っている少年。（　　）

□ 14 あまりにも悲しくて泣きだした。（　　）

□ 15 問題が起こらないよう努める。（　　）

□ 16 めじろのひなが巣立つ。（　　）

□ 17 冷えた体をストーブで温める。（　　）

□ 18 プレゼントをきれいな紙で包む。（　　）

書き取り

◆次の――線の**カタカナ**を**漢字**になおして答えのらんに書きなさい。

答え➡べっさつP.4

合かく点	とく点
13/18	/18

□ 1 正月に親**ルイ**と会った。（　　）

□ 2 バスを**リ**用して旅をする。（　　）

□ 3 知らない**タン**語ばかりだ。（　　）

□ 4 **ジ**童を代表してあいさつする。（　　）

□ 5 **ギョ**船は朝早く港を出発する。（　　）

□ 6 学級会の発言を記**ロク**する。（　　）

□ 7 小学生にもわかりやすい辞**テン**。（　　）

□ 8 工作で使う**ザイ**料をそろえる。（　　）

□ 9 インドの人口は十**オク**人以上だ。（　　）

□ 10 方言ではなく**キョウ**通語で話す。（　　）

□ 11 目**ヒョウ**を定めてがんばる。（　　）

□ 12 会**ギ**に出席する人数を決める。（　　）

□ 13 タ**ハン**までには家に帰る。（　　）

□ 14 本の表紙が**オ**れてしまった。（　　）

□ 15 矢がうまく**マト**に当たった。（　　）

□ 16 チョコレートが大**ス**きだ。（　　）

□ 17 こねた土を**ヤ**いて皿を作る。（　　）

□ 18 **アタ**り一面の銀世界だ。（　　）

読み（音と訓）

◆次の各組の——線の漢字の読みを**ひらがな**で答えのらんに書きなさい。

合かく点	とく点
10/14	/14

□ 1 試験の結果を待つばかりだ。（　　）

□ 2 せい服のネクタイを結ぶ。（　　）

□ 3 長い連休を楽しみに待つ。（　　）

□ 4 妹を連れて買い物に出かける。（　　）

□ 5 駅の改良工事が終わった。（　　）

□ 6 自分の行動を反省して改める。（　　）

□ 7 祝日に家族で外食する。（　　）

□ 8 子どもの成長を祝う。（　　）

□ 9 サーカスで一輪車の曲芸を見る。（　　）

□ 10 校庭で輪になっておどる。（　　）

□ 11 体調が悪く学校を欠席する。（　　）

□ 12 毎日欠かさず歯をみがく。（　　）

□ 13 カメラに望遠レンズを付ける。（　　）

□ 14 幸せな生活を送ることを望む。（　　）

画数

◆次の上の漢字の**太い画**のところは**筆順の何画目**か、下の漢字の**総《そう》画数は何画**か、**算用数字**（1、2、3…）で答えなさい。

答え➡べっさつP.4

合かく点	とく点
14/20	/20

何画目

1 郡（　）
2 愛（　）
3 康（　）
4 害（　）

総画数

5 達（　）
6 案（　）
7 養（　）
8 極（　）

何画目

9 陸（　）
10 岡（　）
11 初（　）
12 軍（　）
13 梅（　）
14 要（　）

総画数

15 競（　）
16 副（　）
17 願（　）
18 旗（　）
19 健（　）
20 街（　）

漢字と送りがな

◆次の――線の**カタカナ**を○の中の**漢字と送りがな（ひらがな）**で答えのらんに書きなさい。

答え➡べっさつP.5

合かく点	とく点
13/18	/18

□ 1 笑 おもしろい本を読んで**ワラウ**。（　）

□ 2 勇 **イサマシイ**主人公が登場する話。（　）

□ 3 借 えんぴつと消しゴムを**カリル**。（　）

□ 4 覚 サッカーのルールを**オボエル**。（　）

□ 5 栄 人が集まって国が**サカエル**。（　）

□ 6 量 定期的に体重を**ハカル**。（　）

□ 7 静 **シズカナ**夜に集中して勉強する。（　）

□ 8 別 帰り道で友達と**ワカレル**。（　）

□ 9 試 いろいろな方法を**ココロミル**。（　）

□ 10 果 友達との約束を**ハタス**。（　）

□ 11 固 コンクリートが冷えて**カタマル**。（　）

□ 12 戦 強いチームを相手に**タタカウ**。（　）

□ 13 清 あの川の水は冷たく**キヨイ**。（　）

□ 14 争 先を**アラソウ**ように走る。（　）

□ 15 加 なべのスープに塩を**クワエル**。（　）

□ 16 付 日記を毎日**ツケル**ようにする。（　）

□ 17 唱 世界平和を**トナエル**。（　）

□ 18 満 コップに水を**ミタス**。（　）

同じ読みの漢字

◆次の――線の**カタカナ**を**漢字**になおして答えのらんに書きなさい。

合かく点	とく点
10/14	/14

□ 1 食**キ**の後かたづけをする。（　　）

□ 2 飛行**キ**で遠くはなれた島に行く。（　　）

□ 3 **セツ**分には豆まきをする。（　　）

□ 4 話題の小**セツ**を読んでみる。（　　）

□ 5 明るい色の**イ**服を組み合わせる。（　　）

□ 6 自分のいる**イ**置を電話で伝える。（　　）

□ 7 苦**ロウ**してゴールにたどり着く。（　　）

□ 8 **ロウ**人には席をゆずろう。（　　）

□ 9 アンケートに**シ**名を記入する。（　　）

□ 10 人気歌手が**シ**会をする番組。（　　）

□ 11 放**カ**後に部活動をする。（　　）

□ 12 **カ**物を積んだ列車が走る。（　　）

□ 13 野**サイ**をたっぷり使ったサラダ。（　　）

□ 14 **サイ**終バスに間に合うよう帰る。（　　）

3日目 練習ドリル

読み

◆次の――線の漢字の読みをひらがなで答えのらんに書きなさい。

答え➡べっさつP.6

合かく点	とく点
13/18	/18

□ 1 オリンピックはスポーツの祭典だ。（　）

□ 2 ごみは分別して出しましょう。（　）

□ 3 いつも初心をわすれない。（　）

□ 4 テーブルに食器をならべる。（　）

□ 5 目的地の位置を地図に書き入れる。（　）

□ 6 自分の行動を反省する。（　）

□ 7 べん当の栄養のバランスを考える。（　）

□ 8 包丁とまな板をそろえる。（　）

□ 9 街頭でアンケートを行う。（　）

□ 10 各地で大雨だったようだ。（　）

□ 11 話し合いの結果を伝える。（　）

□ 12 みなで協力して早く終わらせる。（　）

□ 13 ピッチャーのボールが変化した。（　）

□ 14 朝はいつも六時に目が覚める。（　）

□ 15 その寺は何度か建てかえられた。（　）

□ 16 太陽の光を浴びて元気になる。（　）

□ 17 下級生のあこがれの的だった。（　）

□ 18 この世で最も美しい人。（　）

書き取り

◆次の——線の**カタカナ**を**漢字**になおして答えのらんに書きなさい。

答え➡べっさつP.6

合かく点	とく点
13/18	/18

□ 1 国会で総《そう》理大**ジン**を指名する。

□ 2 テレビ番組の録画を予**ヤク**する。

□ 3 外国人に**エイ**語で道順を教える。

□ 4 家族に**リョウ**理を作る。

□ 5 海上にいた台風が上**リク**する。

□ 6 **セン**争の体験談を読む。

□ 7 五年の**ド**力がようやく実った。

□ 8 のどかな田園の風**ケイ**が広がる。

□ 9 町内会の**フク**会長をつとめる。

□ 10 ホールで祝**ガ**会が開かれた。

□ 11 都道**フ**県の数は全部で四十七。

□ 12 小さな魚が**ム**れで泳ぐ。

□ 13 卒業生に花**タバ**をおくる。

□ 14 **ネガ**いごとを短ざくに書く。

□ 15 **ウメ**の花びらは丸い。

□ 16 伝言も**ノコ**さず去っていった。

□ 17 **オキ**まで船を出す。

□ 18 月の光が湖の水面を**テ**らす。

漢字えらび

◆次の――線の**カタカナ**に合う**漢字**をえらんで答えのらんに**記号**で書きなさい。

合かく点	とく点
9/12	/12

□ 1 自**シン**を持って本番に向かう。（**ア** 真　**イ** 信　**ウ** 進）（　　）

□ 2 合**ショウ**コンクールに出場する。（**ア** 章　**イ** 唱　**ウ** 昭）（　　）

□ 3 とれたての野**サイ**をあらう。（**ア** 最　**イ** 菜　**ウ** 細）（　　）

□ 4 船に**カ**物を積みこむ作業を続ける。（**ア** 貨　**イ** 課　**ウ** 加）（　　）

□ 5 円の直**ケイ**から円周を計算する。（**ア** 径　**イ** 係　**ウ** 軽）（　　）

□ 6 母の**コウ**物のおかずばかりを作った。（**ア** 幸　**イ** 好　**ウ** 康）（　　）

□ 7 寒いので冬用の**イ**類を出す。（**ア** 以　**イ** 意　**ウ** 衣）（　　）

□ 8 工事で電車が**フ**通になる。（**ア** 不　**イ** 付　**ウ** 夫）（　　）

□ 9 新しい年の目**ヒョウ**を立てる。（**ア** 表　**イ** 票　**ウ** 標）（　　）

□ 10 公園まで自転車で**キョウ**走する。（**ア** 共　**イ** 競　**ウ** 強）（　　）

□ 11 駅の改**サツ**で待ち合わせる。（**ア** 札　**イ** 察　**ウ** 刷）（　　）

□ 12 体力の**テイ**下を感じる。（**ア** 低　**イ** 定　**ウ** 底）（　　）

音読み・訓読み

◆次の漢字の読みは、**音読み**（**ア**）ですか、**訓読み**（**イ**）ですか。**記号**で答えなさい。

答え➡べっさつP.6

合かく点	とく点
14/20	/20

□ 1 印《しるし》（　）

□ 2 栃《とち》（　）

□ 3 共《とも》（　）

□ 4 民《みん》（　）

□ 5 節《ふし》（　）

□ 6 孫《まご》（　）

□ 7 末《まつ》（　）

□ 8 法《ほう》（　）

□ 9 種《たね》（　）

□ 10 固《こ》（　）

□ 11 季《き》（　）

□ 12 熊《くま》（　）

□ 13 輪《わ》（　）

□ 14 愛《あい》（　）

□ 15 令《れい》（　）

□ 16 折《おり》（　）

□ 17 仲《なか》（　）

□ 18 牧《ぼく》（　）

□ 19 臣《しん》（　）

□ 20 管《かん》（　）

対《たい》義《ぎ》語

◆後の[ ]の中のひらがなを漢字になおして、意味が反対や対《つい》になることば（対義《ぎ》語）を書きなさい。[ ]の中のひらがなは**一度だけ**使い、答えのらんに**漢字一字**を書きなさい。

合かく点	とく点
14/20	/20

□ 1 人工―自（　）

□ 2 有害―（　）害

□ 3 深い―（　）い

□ 4 先生―生（　）

[あさ・ぜん・と・む]

□ 5 期待―（　）望

□ 6 主食―（　）食

□ 7 平等―（　）別

□ 8 熱い―（　）たい

[さ・しっ・つめ・ふく]

□ 9 入学―（　）業

□ 10 不要―（　）要

□ 11 最後―最（　）

□ 12 高地―（　）地

□ 13 病気―（　）康

□ 14 直線―（　）線

[きょく・けん・しょ・そつ・てい・ひつ]

□ 15 運動―（　）止

□ 16 休息―労（　）

□ 17 明日―（　）日

□ 18 出席―（　）席

□ 19 集中―分（　）

□ 20 笑う―（　）く

[けっ・さく・さん・せい・どう・な]

同じ部首の漢字 ③

◆次の部首のなかまの漢字で□にあてはまる漢字一字を、答えのらんに書きなさい。

答え➡べっさつP.7

合かく点	とく点
17/23	/23

□ 1 氵（さんずい）

[1]《ぎょ》業・[2]《まん》足・自[3]《ち》会

1（　　）　2（　　）　3（　　）

□ 2 金（かねへん）

記[4]《ろく》・[5]《てつ》道・手[6]《かがみ》

4（　　）　5（　　）　6（　　）

□ 3 辶（しんにょう・しんにゅう）

上[7]《たつ》・海[8]《べ》・[9]《れん》休・[10]《せん》手

7（　　）　8（　　）　9（　　）　10（　　）

□ 4 口（くち）

[11]《かく》地・[12]《き》用・円[13]《しゅう》

11（　　）　12（　　）　13（　　）

□ 5 艹（くさかんむり）

園[14]《げい》・発[15]《が》・[16]《えい》語

14（　　）　15（　　）　16（　　）

□ 6 言（ごんべん）

会[17]《ぎ》・[18]《か》題・[19]《せつ》明

17（　　）　18（　　）　19（　　）

□ 7 攵（のぶん・ぼくづくり）

[20]《かい》札・勝[21]《はい》・[22]《ほう》送・[23]《さん》歩

20（　　）　21（　　）　22（　　）　23（　　）

4日目 練習ドリル

読み

◆次の――線の漢字の読みをひらがなで答えのらんに書きなさい。

答え➡べっさつP.8

合かく点	とく点
13/18	/18

□ 1 無数の星が夜空にまたたいている。（　　）

□ 2 健康をたもつために運動する。（　　）

□ 3 羊の放牧がさかんな国に行く。（　　）

□ 4 春の風景をスケッチする。（　　）

□ 5 どんな差別もあってはならない。（　　）

□ 6 体調が悪いので安静にする。（　　）

□ 7 北極の氷がとけたらどうなるのか。（　　）

□ 8 愛犬の写真をいつも持っている。（　　）

□ 9 自然の中で思い切り遊ぶ。（　　）

□ 10 茨城県はメロンの産地だ。（　　）

□ 11 球場で熱戦がくり広げられていた。（　　）

□ 12 博物館で古代の道具を見る。（　　）

□ 13 国旗と国名を組み合わせるゲーム。（　　）

□ 14 楽しそうに声を出して笑う。（　　）

□ 15 漢字の書き順を正しく覚える。（　　）

□ 16 けんかの後で仲直りをする。（　　）

□ 17 読んだ本に感動して泣いた。（　　）

□ 18 日焼けした顔で元気そうだ。（　　）

書き取り

◆次の――線の**カタカナ**を**漢字**になおして答えのらんに書きなさい。

合かく点	とく点
13/18	/18

□ 1 **ベン**利な世の中になった。

□ 2 今までの苦**ロウ**が水のあわだ。

□ 3 望遠鏡で**マン**月を見る。

□ 4 ベランダで野**サイ**を育てている。

□ 5 道**トク**を守って行動する。

□ 6 **サク**夜からの雨がやんだ。

□ 7 時間帯で交通**リョウ**が変わる。

□ 8 **ソツ**業したらこの町を出る。

□ 9 母は外国の食**キ**を集めている。

□ 10 新しい橋が**カン**成した。

□ 11 **ショ**歩的なミスをしない。

□ 12 岐**フ**県で高山ラーメンを食べる。

□ 13 **カ**物船を使うと安く運べる。

□ 14 三日も雪がふり**ツヅ**いている。

□ 15 **マツ**林の中を歩く。

□ 16 ここは門前町として**サカ**えた。

□ 17 孫の誕《たん》生を**イワ**う会を開く。

□ 18 道路の両**ガワ**に花を植える。

画数

◆次の上の漢字の**太い画**のところは**筆順の何画目**か、下の漢字の**総《そう》画数は何画**か、**算用数字**（1、2、3…）で答えなさい。

答え➡べっさつP.8

合かく点	とく点
14/20	/20

何画目

1 案（　）
2 果（　）
3 臣（　）
4 芽（　）

総画数

5 験（　）
6 辞（　）
7 極（　）
8 漁（　）

何画目

9 焼（　）
10 努（　）
11 働（　）
12 械（　）
13 老（　）
14 隊（　）

総画数

15 億（　）
16 機（　）
17 輪（　）
18 飯（　）
19 録（　）
20 観（　）

漢字と送りがな 四

◆次の——線のカタカナを○の中の**漢字と送りがな**（**ひらがな**）で答えのらんに書きなさい。

答え➡ べっさつ P.8

合かく点	とく点
13/18	/18

□ 1 (必) 次の試合では**カナラズ**勝つ。（　　）

□ 2 (省) 細かい説明は**ハブク**。（　　）

□ 3 (折) 台風で庭の木が**オレル**。（　　）

□ 4 (求) 平和を**モトメル**気持ち。（　　）

□ 5 (固) 土を**カタメル**ために足でふむ。（　　）

□ 6 (香) バラの**カオリ**がただよう。（　　）

□ 7 (挙) わかりやすい例を**アゲル**。（　　）

□ 8 (養) 家族を**ヤシナウ**のに十分なお金。（　　）

□ 9 (飛) 風船を空に向かって**トバス**。（　　）

□ 10 (散) 春の風が花びらを**チラス**。（　　）

□ 11 (浴) 日光を**アビル**のは健康にいい。（　　）

□ 12 (包) 商品を紙で美しく**ツツム**。（　　）

□ 13 (連) **ツラナル**雲の間に月が見える。（　　）

□ 14 (伝) 手紙で正直な気持ちを**ツタエル**。（　　）

□ 15 (低) 水は**ヒクイ**方へと流れる。（　　）

□ 16 (改) 話し合いの場を**アラタメル**。（　　）

□ 17 (欠) 大切にしていたお皿が**カケル**。（　　）

□ 18 (敗) 強い相手に大差で**ヤブレル**。（　　）

同じ読みの漢字

◆次の――線の**カタカナ**を**漢字**になおして答えのらんに書きなさい。

合かく点	とく点
10/14	/14

□ 1 この秋は天**コウ**にめぐまれた。（　　）

□ 2 弟は**コウ**物を最後に食べる。（　　）

□ 3 合**ショウ**で歌う曲を選ぶ。（　　）

□ 4 山火事で森が全**ショウ**する。（　　）

□ 5 あたたかい**キ**節がやってくる。（　　）

□ 6 **キ**望を失わず前に進む。（　　）

□ 7 千円**サツ**でおつりをもらう。（　　）

□ 8 町の人の様子を観**サツ**する。（　　）

□ 9 一**チョウ**円もの予算が決まる。（　　）

□ 10 動物を**チョウ**教する。（　　）

□ 11 **キュウ**食は残さず食べよう。（　　）

□ 12 **キュウ**人のチラシを見る。（　　）

□ 13 この**サン**考書はわかりやすい。（　　）

□ 14 りんごの**サン**地を調べる。（　　）

じゅく語作り

◆上の漢字と下の[ ]の中の漢字を組み合わせて**二字のじゅく語を二つ**作り、答えのらんに**記号**で書きなさい。

答え➡べっさつP.9

合かく点 10/14　とく点 /14

1 民

[ア 話　イ 開　ウ 材　エ 住　オ 極]

1民　民2

1（　　）　2（　　）

2 衣

[ア 類　イ 関　ウ 白　エ 泳　オ 街]

3衣　衣4

3（　　）　4（　　）

3 種

[ア 学　イ 約　ウ 目　エ 世　オ 品]

5種　種6

5（　　）　6（　　）

4 念

[ア 付　イ 願　ウ 老　エ 記　オ 必]

7念　念8

7（　　）　8（　　）

5 固

[ア 笑　イ 席　ウ 強　エ 芸　オ 定]

9固　固10

9（　　）　10（　　）

6 加

[ア 官　イ 工　ウ 功　エ 追　オ 選]

11加　加12

11（　　）　12（　　）

7 養

[ア 分　イ 束　ウ 司　エ 牧　オ 休]

13養　養14

13（　　）　14（　　）

5日目 練習ドリル

読み

◆次の——線の**漢字の読み**を**ひらがな**で答えのらんに書きなさい。

答え➡べっさつP.10

合かく点	とく点
13/18	/18

□ 1 愛媛県でとれたみかんを食べる。（　）

□ 2 春は多くの花が楽しめる季節だ。（　）

□ 3 野球の試合は明日行われる。（　）

□ 4 特産品のくだものを送る。（　）

□ 5 念のためにもう一度言う。（　）

□ 6 学芸会で主役をつとめる。（　）

□ 7 国民の祝日は法で定められている。（　）

□ 8 良薬口に苦し。（　）

□ 9 合唱コンクールに向け練習する。（　）

□ 10 会うと案外気さくな人だった。（　）

□ 11 見たいテレビ番組を録画する。（　）

□ 12 先週から好天にめぐまれている。（　）

□ 13 犬は種類により大きさがちがう。（　）

□ 14 球根を植えて数日で芽が出る。（　）

□ 15 川の浅いところで魚をとる。（　）

□ 16 梅の木にうぐいすが止まっている。（　）

□ 17 春には菜の花が一面にさく。（　）

□ 18 妹と折り紙で朝顔を作る。（　）

書き取り

◆次の――線の**カタカナ**を**漢字**になおして答えのらんに書きなさい。

答え➡ べっさつ P.10

合かく点	とく点
13/18	/18

□ 1 先生と生**ト**の会話を大切にする。（　　）

□ 2 二人の実力に**サ**はない。（　　）

□ 3 新**ガタ**県は米どころの一つだ。（　　）

□ 4 **トウ**台の地図記号を書き入れる。（　　）

□ 5 実験に**ヒツ**要な物を用意する。（　　）

□ 6 北**キョク**星は方角の目印になる。（　　）

□ 7 地球の半**ケイ**はどのくらいか。（　　）

□ 8 来月の**レン**休に登山を計画する。（　　）

□ 9 商業の発**タツ**を学ぶ。（　　）

□ 10 天文台の**ボウ**遠鏡は大きい。（　　）

□ 11 兄はラグビーの**セン**手だ。（　　）

□ 12 機械の使い方を**セツ**明する。（　　）

□ 13 母は音楽の才能《のう》に**ト**んでいる。（　　）

□ 14 父はいつも大声で**ワラ**う。（　　）

□ 15 すぐに**ト**んで行きたい気持ちだ。（　　）

□ 16 この家具は**マゴ**の代まで使える。（　　）

□ 17 銀は熱が**ツタ**わりやすい。（　　）

□ 18 雨ふって地**カタ**まる。（　　）

読み（音と訓）

◆次の各組の——線の**漢字の読み**を**ひらがな**で答えのらんに書きなさい。

合かく点	とく点
10/14	/14

□ 1 毎年夏休みに海水浴に行く。（　　）

□ 2 シャワーを浴びてあせを流す。（　　）

□ 3 寒さで指先の感覚がなくなる。（　　）

□ 4 算数の公式を覚える。（　　）

□ 5 包丁の使い方に気をつける。（　　）

□ 6 皿を一まいずつ紙で包む。（　　）

□ 7 交通の便利な所に住む。（　　）

□ 8 旅先から便りを送る。（　　）

□ 9 牛肉が一番の好物だ。（　　）

□ 10 夏より秋が好きだ。（　　）

□ 11 遠足が中止になって残念だ。（　　）

□ 12 放課後に残って勉強する。（　　）

□ 13 照明がまぶしすぎて目に悪い。（　　）

□ 14 月の光が行く手を照らす。（　　）

漢字えらび

◆次の——線のカタカナに合う漢字をえらんで答えのらんに記号で書きなさい。

合かく点	とく点
9/12	/12

□ 1 トラックで運べる重リョウをこえる。（ア 料　イ 量　ウ 良）（　　）

□ 2 体そうのゆか運動で着地に成コウした。（ア 候　イ 向　ウ 功）（　　）

□ 3 白い食キは料理が美しく見える。（ア 機　イ 器　ウ 季）（　　）

□ 4 レイ静に話し合いをする。（ア 冷　イ 令　ウ 礼）（　　）

□ 5 本屋で問題集とサン考書を買う。（ア 散　イ 産　ウ 参）（　　）

□ 6 港のソウ庫に船から荷物を運ぶ。（ア 走　イ 倉　ウ 相）（　　）

□ 7 クラスの名ぼを印サツする。（ア 札　イ 察　ウ 刷）（　　）

□ 8 緑の多いのどかな風ケイが広がる。（ア 景　イ 計　ウ 係）（　　）

□ 9 熱タイ魚の水そうを新しくする。（ア 対　イ 帯　ウ 隊）（　　）

□ 10 シ賀県の城下町を歩く。（ア 仕　イ 司　ウ 滋）（　　）

□ 11 公キョウの場では静かにしよう。（ア 共　イ 協　ウ 競）（　　）

□ 12 エイ語が話せるようになりたい。（ア 栄　イ 泳　ウ 英）（　　）

5日目

音読み・訓読み

◆次の漢字の読みは、**音読み**（**ア**）ですか、**訓読み**（**イ**）ですか、記号で答えなさい。

合かく点	とく点
14/20	/20

□ 1 的《まと》（　）

□ 2 達《たつ》（　）

□ 3 兆《ちょう》（　）

□ 4 松《まつ》（　）

□ 5 勇《ゆう》（　）

□ 6 要《かなめ》（　）

□ 7 側《がわ》（　）

□ 8 例《れい》（　）

□ 9 夫《ふ》（　）

□ 10 治《ち》（　）

□ 11 佐《さ》（　）

□ 12 欠《けつ》（　）

□ 13 崎《さき》（　）

□ 14 鹿《しか》（　）

□ 15 束《たば》（　）

□ 16 兵《へい》（　）

□ 17 億《おく》（　）

□ 18 挙《きょ》（　）

□ 19 位《くらい》（　）

□ 20 老《ろう》（　）

対《たい》義《ぎ》語

◆後の［　］の中のひらがなを漢字になおして、意味が反対や対《つい》になることば（対義《ぎ》語）を書きなさい。［　］の中のひらがなは**一度だけ**使い、答えのらんに**漢字一字**を書きなさい。

合かく点	とく点
14/20	/20

□ 1 満足―（　）満

□ 2 本業―（　）業

□ 3 中止―（　）行

□ 4 笑う―（　）く

ぞっ・な・ふ・ふく

□ 5 起立―着（　）

□ 6 博学―（　）学

□ 7 直線―（　）線

□ 8 高い―（　）い

きょく・せき・ひく・む

□ 9 全勝―全（　）

□ 10 年始―年（　）

□ 11 平和―戦（　）

□ 12 来年―（　）年

□ 13 人工―天（　）

□ 14 失望―（　）望

き・さく・そう・ねん・ぱい・まつ

□ 15 上級―（　）級

□ 16 予算―（　）算

□ 17 流動―（　）定

□ 18 入学―（　）業

□ 19 中心―（　）辺

□ 20 欠ける―（　）ちる

けっ・こ・しゅう・しょ・そつ・み

同じ部首の漢字

合かく点	とく点
17/23	/23

◆次の部首のなかまの漢字で□にあてはまる漢字一字を、答えのらんに書きなさい。

□ ①　广（まだれ）

海[1]《てい》・健[2]《こう》・[3]《ふ》県名

1（　　）　2（　　）　3（　　）

□ ②　辶（しんにょう・しんにゅう）

[4]《そく》度・[5]《つい》求・[6]《ゆう》園地

4（　　）　5（　　）　6（　　）

□ ③　宀（うかんむり）

[7]《かん》全・[8]《がい》虫・民[9]《しゅく》・外交[10]《かん》

7（　　）　8（　　）　9（　　）　10（　　）

□ ④　亻（にんべん）

気[11]《こう》・労[12]《どう》・[13]《しゃっ》金

11（　　）　12（　　）　13（　　）

□ ⑤　氵（さんずい）

入[14]《よく》・[15]《せい》流・[16]《な》き声

14（　　）　15（　　）　16（　　）

□ ⑥　木（き）

[17]《か》実・[18]《えい》光・花[19]《たば》

17（　　）　18（　　）　19（　　）

□ ⑦　糸（いとへん）

沖[20]《なわ》・節[21]《やく》・[22]《きゅう》食・[23]《けつ》末

20（　　）　21（　　）　22（　　）　23（　　）

じゅく語作り

◆上の漢字と下の□の中の漢字を組み合わせて**二字のじゅく語を二つ作り**、答えのらんに**記号**で書きなさい。

答え➡べっさつP.11

合かく点	とく点
10/14	/14

□ 1 戦

ア 種　イ 節　ウ 対　エ 場　オ 競

[1]戦　戦[2]

1（　　）　2（　　）

□ 2 辞

ア 順　イ 的　ウ 転　エ 典　オ 式

[3]辞　辞[4]

3（　　）　4（　　）

□ 3 願

ア 悲　イ 練　ウ 書　エ 所　オ 着

[5]願　願[6]

5（　　）　6（　　）

□ 4 良

ア 議　イ 挙　ウ 心　エ 急　オ 改

[7]良　良[8]

7（　　）　8（　　）

□ 5 管

ア 利　イ 血　ウ 覚　エ 理　オ 全

[9]管　管[10]

9（　　）　10（　　）

□ 6 牧

ア 場　イ 法　ウ 司　エ 勇　オ 放

[11]牧　牧[12]

11（　　）　12（　　）

□ 7 信

ア 歩　イ 念　ウ 自　エ 平　オ 節

[13]信　信[14]

13（　　）　14（　　）

模《も》擬《ぎ》試験①

時間 60分

合かく点 140/200

とく点 /200

1

次の——線の**漢字の読み**を**ひらがな**で答えのらんに書きなさい。

各1点 /20

1 いろんな人に祝福されて幸せだ。

2 万一の火事にそなえて訓練する。

3 毎日欠かさず本を読む。

4 世界中の伝説の地を旅する。

5 果物の種をもらって植える。

6 満天の星を見上げる。

7 正月には親類がみな集まる。

8 電車に乗っているのが好きだ。

2

次の各組の——線の**漢字の読み**を**ひらがな**で答えのらんに書きなさい。

各1点 /10

1 意見を聞いて気持ちが変化する。

2 南風から北風に変わる。

3 ここで待ち合わせる約束をした。

4 配られた用紙を束ねる。

5 悪いことをした自覚はある。

6 目が覚めたら昼だった。

7 熱帯魚は色がさまざまで美しい。

8 鉄は熱いうちに打て。

9 荷物を通路に放置しない。

10 手をひざの上に置いてすわる。

3

次の——線の**カタカナ**に合う**漢字**をえらんで答えのらんに**記号**で書きなさい。

各2点 /20

9　ここは町の中でも治安がよくない。（　　）
10　一輪車を買ってもらう。（　　）
11　バッターが打席に立つ。（　　）
12　木の上に巣箱を置く。（　　）
13　プロ野球の選手になりたい。（　　）
14　駅の周りは畑ばかりだ。（　　）
15　街角の交番で道を聞く。（　　）
16　一部を見直して計画を続行する。（　　）
17　最も大きな魚市場を見学する。（　　）
18　宿には広広とした浴室があった。（　　）
19　店の入り口を矢印でしめす。（　　）
20　この辺りは古くは関所だった。（　　）

1　この**フ**近では見かけない顔だ。（**ア** 夫　**イ** 不　**ウ** 付）（　　）
2　神社で一年の**ケン**康をいのる。（**ア** 健　**イ** 建　**ウ** 験）（　　）
3　先生に注意されて反**セイ**する。（**ア** 清　**イ** 省　**ウ** 成）（　　）
4　手助けができず**リョウ**心がいたむ。（**ア** 両　**イ** 良　**ウ** 漁）（　　）
5　体調をくずして休**ヨウ**をとる。（**ア** 養　**イ** 要　**ウ** 用）（　　）
6　家の**ショウ**明器具を取りかえる。（**ア** 照　**イ** 昭　**ウ** 章）（　　）
7　児童会の役員を選ぶ投**ヒョウ**をする。（**ア** 標　**イ** 票　**ウ** 表）（　　）
8　誕《たん》生会に参**カ**すると返事を出す。（**ア** 貨　**イ** 加　**ウ** 科）（　　）
9　休め、気をつけの号**レイ**がかかる。（**ア** 礼　**イ** 例　**ウ** 令）（　　）
10　画家の大作がようやく**カン**成した。（**ア** 官　**イ** 間　**ウ** 完）（　　）

4

次の上の漢字の**太い画**のところは**筆順の何画目**か、下の漢字の**総《そう》画数は何画**か、**算用数字**（1、2、3…）で答えなさい。

〈例〉正（3）　字（6）

1 単（　　）
2 兆（　　）
3 阪（　　）
4 録（　　）
5 牧（　　）

6 類（　　）
7 連（　　）
8 孫（　　）
9 望（　　）
10 察（　　）

各1点　／10

5

次の漢字の読みは、**音読み**（**ア**）ですか、**訓読み**（**イ**）ですか。**記号**で答えなさい。

〈例〉力《ちから》→ **イ**

1 害《がい》（　　）
2 芸《げい》（　　）

6 旗《はた》（　　）
7 固《こ》（　　）

各2点　／20

7

次の――線の**カタカナ**を○**の中の漢字**と**送りがな**（**ひらがな**）で答えのらんに書きなさい。

〈例〉(正) **タダシイ**字を書く。　正しい

1 (焼) 食パンがおいしそうに**ヤケル**。（　　）
2 (浅) **アサイ**プールは子ども向けだ。（　　）
3 (加) 強い味方が仲間に**クワワル**。（　　）
4 (伝) この地方に**ツタワル**民話を聞く。（　　）
5 (働) 夜おそくまで**ハタラク**。（　　）
6 (建) 家を**タテル**のにぴったりの土地。（　　）
7 (願) 来年の家内安全を**ネガウ**。（　　）

各2点　／14

8

次の**部首のなかまの漢字**で□にあてはまる**漢字一字**を、答えのらんに書きなさい。

各2点　／20

3 郡《ぐん》（　　）

4 梨《なし》（　　）

5 飯《めし》（　　）

8 英《えい》（　　）

9 井《い》（　　）

10 末《すえ》（　　）

6

後の□の中のひらがなを漢字になおして、意味が反対や対《つい》になることば（対義《ぎ》語）を書きなさい。□の中のひらがなは**一度だけ**使い、答えのらんに**漢字一字**を書きなさい。

各２点　／10

〈例〉室内―室（外）

1 最高―最（　　）

2 有名―（　　）名

3 平行―交（　　）

4 平和―（　　）争

5 熱い―（　　）たい

さ・せん・つめ・てい・む

〈例〉イ（にんべん）　体《たい》力・工作《さく》

ア 心（こころ）　記 1《ねん》・2《あい》犬・3《ひつ》要

1（　　）　2（　　）　3（　　）

イ イ（にんべん）　自 4《しん》・両 5《がわ》・一 6《おく》円

4（　　）　5（　　）　6（　　）

ウ リ（りっとう）　7《ふく》食・便 8《り》・印 9《さつ》・整 10《れつ》

7（　　）　8（　　）　9（　　）　10（　　）

9

次の――線の**カタカナ**を**漢字**になおして答えのらんに書きなさい。

1 テレビの音**リョウ**を下げる。（　　）
2 母から**リョウ**理を教わる。（　　）
3 コーラスの**テイ**音部を歌う。（　　）
4 海**テイ**に住む生き物を調べる。（　　）
5 望遠**キョウ**で月の細部を見る。（　　）
6 方言と**キョウ**通語を使い分ける。（　　）
7 道**トク**の時間に話し合う。（　　）
8 あの行動に**トク**別な意味はない。（　　）

各2点　／16

10

上の漢字と下の□の中の漢字を組み合わせて**二字のじゅく語を二つ作り**、答えのらんに**記号**で書きなさい。

〈例〉校　［**ア**門　**イ**学　**ウ**海　**エ**体　**オ**読］　**イ**校　校**ア**

一、変　［**ア**約　**イ**急　**ウ**氏　**エ**付　**オ**身］

1変　変**2**

1（　　）　**2**（　　）

各2点　／20

11

次の――線の**カタカナ**を**漢字**になおして答えのらんに書きなさい。

1 市長を決める選**キョ**が行われる。（　　）
2 食事中に**セキ**を立つのは失礼だ。（　　）
3 今年もお寺の**セツ**分行事がある。（　　）
4 **イ**服についたしみを落とす。（　　）
5 雪が**ツ**もったので長ぐつをはく。（　　）
6 すいかに**シオ**をかける人もいる。（　　）
7 寒い日に水道**カン**がこおった。（　　）
8 宿題を**ノコ**らず全部終える。（　　）
9 木の葉も**チ**り冬がやって来た。（　　）

各2点　／40

二、失

ア学　イ敗　ウ消　エ松　オ勉

3 失　失 4

3（　　）　4（　　）

三、要

ア重　イ然　ウ辞　エ求　オ働

5 要　要 6

5（　　）　6（　　）

四、順

ア西　イ試　ウ番　エ打　オ続

7 順　順 8

7（　　）　8（　　）

五、的

ア中　イ別　ウ拾　エ登　オ目

9 的　的 10

9（　　）　10（　　）

---

10 **ナ**良県で大仏《ぶつ》を見る。（　　）

11 そこは秋に**カン**光客が多くなる。（　　）

12 **シズ**かな夜に虫の声がひびく。（　　）

13 **ソウ**庫で荷物の発送の作業をする。（　　）

14 朝顔の**メ**が出た様子を写真にとる。（　　）

15 着がえるための場所を**カ**りる。（　　）

16 放**カ**後は運動場を自由に使える。（　　）

17 合**ショウ**の練習曲が発表された。（　　）

18 旅先の天**コウ**を調べて出かける。（　　）

19 もう一度**アラタ**めて答える。（　　）

20 町は夕やみに**ツツ**まれた。（　　）

六

6日目

模《も》擬《ぎ》試験 ②

答え➡ べっさつ P.14

時間 60分

合かく点 140/200

とく点 /200

1

次の——線の**漢字の読み**を**ひらがな**で答えのらんに書きなさい。

各1点 /20

1 この日のために努力を重ねてきた。

2 身近なことを題材にした小説。

3 曲がり角に赤い建物がある。

4 衣類の整理に時間がかかる。

5 ワンタンを包む。

6 大量の品物が送り返されてきた。

7 次の機会を待つ。

8 熱いお茶をゆっくり飲む。

2

次の各組の——線の**漢字の読み**を**ひらがな**で答えのらんに書きなさい。

各1点 /10

1 食品を加工して日持ちをよくする。

2 今日から仲間が一人加わる。

3 会場は来場者で満員になった。

4 月が満ちて丸くなる。

5 行きたい学校の願書を取りよせる。

6 流れ星に願いごとをする。

7 自分で出向く必要がある。

8 花には毎日必ず水をやっている。

9 連続した数字をならべるゲーム。

10 山が連なる景色を楽しむ。

3

次の——線の**カタカナ**に合う**漢字**をえらんで答えのらんに**記号**で書きなさい。

各2点 /20

9 **残**りのお金は百円足らずだ。（　　）

10 中学校では**英語**を勉強する。（　　）

11 言いたいことをきちんと**伝**える。（　　）

12 図書館で**借**りた本を早めに返す。（　　）

13 寺の**参道**をゆっくり歩く。（　　）

14 ちりも**積**もれば山となる。（　　）

15 人はみな等しく**老**いる。（　　）

16 あの村は野菜の**産地**として有名だ。（　　）

17 卒業してから**初**めて友に会う。（　　）

18 大空のかなたに鳥が**飛**んでいる。（　　）

19 **民芸品**のこけしを気に入る。（　　）

20 **岸辺**に打ち上げられた貝を拾う。（　　）

---

1 気温の**ヘン**化をグラフで表す。（**ア** 返　**イ** 変　**ウ** 辺）（　　）

2 **キュウ**食の時間に級友と話す。（**ア** 給　**イ** 究　**ウ** 球）（　　）

3 植物園に四**キ**折折の花が咲く。（**ア** 記　**イ** 季　**ウ** 機）（　　）

4 夏休みの日**カ**を決めて表にする。（**ア** 火　**イ** 貨　**ウ** 課）（　　）

5 役所で身元を**ショウ**会する。（**ア** 商　**イ** 照　**ウ** 唱）（　　）

6 屋外の行事は天**コウ**に左右される。（**ア** 候　**イ** 向　**ウ** 港）（　　）

7 **カイ**札の自動化が全国的に進む。（**ア** 階　**イ** 改　**ウ** 界）（　　）

8 母の**リョウ**理は味にくふうがある。（**ア** 量　**イ** 良　**ウ** 料）（　　）

9 水道**カン**を新しくする。（**ア** 寒　**イ** 管　**ウ** 官）（　　）

10 社会的なニュースに**カン**心がある。（**ア** 関　**イ** 間　**ウ** 感）（　　）

4 次の上の漢字の**太い画**のところは**筆順の何画目**か、下の漢字の**総《そう》画数は何画**か、**算用数字**（1、2、3…）で答えなさい。

〈例〉正（3）
字（6）

1 差（　）（　）
2 挙（　）（　）
3 孫（　）（　）
4 巣（　）（　）
5 械（　）（　）
6 博（　）（　）
7 器（　）（　）
8 議（　）（　）
9 静（　）（　）
10 郡（　）（　）

各1点　／10

5 次の漢字の読みは、**音読み**（**ア**）ですか、**訓読み**（**イ**）ですか。**記号**で答えなさい。

〈例〉力《ちから》→ **イ**

1 軍《ぐん》（　）（　）
2 夫《おっと》（　）（　）
6 飯《はん》（　）（　）
7 埼《さい》（　）（　）

各2点　／20

---

7 次の——線の**カタカナ**を○**の中の漢字と送りがな**（**ひらがな**）で答えのらんに書きなさい。

〈例〉(正)**タダシイ**字を書く。　正しい

1 (選)着ていく服を**エラブ**。（　）
2 (続)ピアノの練習を毎日**ツヅケル**。（　）
3 (冷)**ツメタイ**水を飲んで落ち着く。（　）
4 (覚)目が**サメル**ような青空。（　）
5 (照)朝の光が顔を明るく**テラス**。（　）
6 (治)足首のいたみが**オサマル**。（　）
7 (祝)高校に入学したことを**イワウ**。（　）

各2点　／14

8 次の**部首のなかまの漢字**で□にあてはまる**漢字一字**を、答えのらんに書きなさい。

各2点　／20

3 府《ふ》（　　）

4 努《ど》（　　）

5 副《ふく》（　　）

8 的《てき》（　　）

9 関《せき》（　　）

10 位《い》（　　）

6

後の□の中のひらがなを漢字になおして、意味が反対や対《つい》になることば（対義《ぎ》語）を書きなさい。□の中のひらがなは**一度だけ**使い、答えのらんに**漢字一字**を書きなさい。

各2点 ／10

〈例〉室内―室（外）

1 向上―（　）下

2 良好―（　）良

3 集まる―（　）る

4 有料―（　）料

5 期待―（　）望

しつ・ち・てい・ふ・む

〈例〉イ（にんべん） [体]《たい》カ・工[作]《さく》

ア ⺮（たけかんむり） 筆[1]《ばこ》・季[2]《せつ》・[3]《わら》い声

1（　　） 2（　　） 3（　　）

イ 力（ちから） 苦[4]《ろう》・[5]《ゆう》気・成[6]《こう》

4（　　） 5（　　） 6（　　）

ウ 木（きへん） 南[7]《きょく》・[8]《まつ》林・目[9]《ひょう》・[10]《き》会

7（　　） 8（　　） 9（　　） 10（　　）

7日目

9

次の――線の**カタカナ**を**漢字**になおして答えのらんに書きなさい。

1 その寺院が**カン**光の目玉だ。（　　　）

2 三日間で絵を**カン**成させた。（　　　）

3 空**コウ**で出国の手続きをする。（　　　）

4 父の**コウ**物は肉や魚だ。（　　　）

5 楽器を鳴らし練り歩く音楽**タイ**。（　　　）

6 包**タイ**をしばって止血する。（　　　）

7 農作物を食べる**ガイ**虫がいる。（　　　）

8 商店**ガイ**で福引きを行っている。（　　　）

各２点　／16

10

上の漢字と下の［　］の中の漢字を組み合わせて**二字のじゅく語を二つ作り**、答えのらんに**記号**で書きなさい。

〈例〉校　［**ア**門　**イ**学　**ウ**海　**エ**体　**オ**読］

イ	校
校	ア

一、約　［**ア**束　**イ**世　**ウ**予　**エ**巣　**オ**側］

1	約
約	2

1（　　　）

2（　　　）

各２点　／20

11

次の――線の**カタカナ**を**漢字**になおして答えのらんに書きなさい。

1 このぶどうには**タネ**がある。（　　　）

2 いつも**アイ**犬と共に行動する。（　　　）

3 家族の健**コウ**を第一に考える。（　　　）

4 山から**キヨ**らかな水が流れる。（　　　）

5 電車の中に本を**オ**きわすれた。（　　　）

6 自**ゼン**の成り行きにまかせる。（　　　）

7 **サイ**後の力をふりしぼって走った。（　　　）

8 オリンピックの記**ネン**切手を買う。（　　　）

9 **ナ**いてたまるかと歯をくいしばる。（　　　）

各２点　／40

二、徒

ア正　イ生　ウ歩　エ栄　オ浴

3
徒

徒
4

3（　）

4（　）

三、漁

ア大　イ司　ウ血　エ業　オ関

5
漁

漁
6

5（　）

6（　）

四、積

ア向　イ学　ウ面　エ雪　オ付

7
積

積
8

7（　）

8（　）

五、灯

ア残　イ台　ウ組　エ倉　オ消

9
灯

灯
10

9（　）

10（　）

---

10 試合の後で反**セイ**会を開く。（　）

11 助けを**モト**める声が聞こえた。（　）

12 **ケッ**席の理由は発熱だった。（　）

13 庭に**アサ**い池があった。（　）

14 親子で人気の**ハク**物館に行く。（　）

15 昔は水を**カガミ**の代わりにした。（　）

16 工場では外国人も**ハタラ**いている。（　）

17 駅前で友達と**ワカ**れた。（　）

18 成長するのに十分な栄**ヨウ**をとる。（　）

19 プールの**ソコ**までもぐる。（　）

20 おみくじを神社の木に**ムス**ぶ。（　）

本書は「7日間完成！漢検7級書き込み式直前ドリル改訂版」の
装丁デザインを変更したもので、内容は同じです。

7日間完成！　漢検7級
書き込み式　直前対策ドリル［新装改訂版］

新装版発行　2022年5月14日
重版発行　2023年
編　者　株式会社 旺文社
発行者　粂川秀樹
発行所　株式会社 旺文社
〒162-8680　東京都新宿区横寺町55

印刷所　大日本印刷株式会社
製本所　大日本印刷株式会社

S3c053
ISBN978-4-01-092471-6

旺文社 お客様総合案内

●内容に関するお問い合わせは、弊社ホームページの「お問い合わせ」フォームにて承ります。
【WEB】 旺文社 お問い合わせフォーム
https://www.obunsha.co.jp/support/contact
●乱丁・落丁など製造不良品の交換・ご注文につきましては下記にて承ります。
【電話】0120-326-615（土・日・祝日を除く10：00～17：00）

PP

新配当漢字に対応

7

7日間完成!
漢検7級 直前対策ドリル

新装改訂版

書き込《こ》み式

べっさつ

もくじ

旺文社

1日目 練習ドリル

読み（→ほんさつ4ページ）

1 さんぽ
2 いんさつ
3 てんこう
4 ざんねん
5 じてん
6 けんこく
7 ゆうき
8 いぜん
9 ひょうほん
10 ふしぎ
11 たっせい
12 しそん
13 でんせつ
14 かなら
15 なお
16 あらた
17 おび
18 はなたば

書き取り（→ほんさつ5ページ）

1 参
2 民
3 特
4 競
5 輪
6 信
7 街
8 芸
9 末
10 省
11 未
12 牧
13 要
14 巣
15 旗
16 静
17 仲
18 冷

漢字えらび（→ほんさつ6ページ）

1 **イ**（信用《しんよう》）
2 **ウ**（合唱《がっしょう》）
3 **イ**（司会《しかい》）
4 **イ**（低下《ていか》）
5 **ア**（徳用品《とくようひん》）
6 **ア**（包丁《ほうちょう》）
7 **イ**（児童《じどう》）
8 **ア**（希望《きぼう》）
9 **ア**（反省《はんせい》）
10 **イ**（観光《かんこう》）
11 **イ**（府県《ふけん》）
12 **ウ**（季節《きせつ》）

音読み・訓読み（→ほんさつ7ページ）

1 **イ**
2 **ア**
3 **イ**
4 **ア**
5 **ア**
6 **イ**
7 **イ**
8 **ア**
9 **イ**
10 **ア**
11 **イ**
12 **ア**
13 **ア**
14 **イ**
15 **イ**
16 **イ**
17 **ア**
18 **ア**
19 **イ**
20 **イ**

意味 書き取り2［ふつうの民家がきょかをもらって観光客などをとめるしせつ］

●同じ部首の漢字 （→ほんさつ8ページ）

1
1 願（念願《ねんがん》）
2 類（親類《しんるい》）
3 顔（顔面《がんめん》）

2
4 径（直径《ちょっけい》）
5 徒（生徒《せいと》）
6 待（期待《きたい》）

3
7 苦（苦労《くろう》）
8 荷（荷物《にもつ》）
9 英（英語《えいご》）
10 菜（野菜《やさい》）

4
11 材（材料《ざいりょう》）
12 札（表札《ひょうさつ》）
13 械（機械《きかい》）

5
14 隊（兵隊《へいたい》）
15 陸（陸上《りくじょう》）
16 陽（太陽《たいよう》）

6
17 国（国民《こくみん》）
18 園（公園《こうえん》）
19 固（固定《こてい》）

7
20 熱（熱心《ねっしん》）
21 然（自然《しぜん》）
22 無（無理《むり》）
23 照（照明《しょうめい》）

●じゅく語作り （→ほんさつ9ページ）

1
1 イ（消印《けしいん》）
2 エ（印刷《いんさつ》）

2
3 ア（調節《ちょうせつ》）
4 エ（節約《せつやく》）

3
5 オ（両側《りょうがわ》）
6 ウ（側面《そくめん》）

4
7 イ（月給《げっきゅう》）
8 オ（給食《きゅうしょく》）

5
9 ア（面積《めんせき》）
10 ウ（積雪《せきせつ》）

6
11 イ（記録《きろく》）
12 ウ（録画《ろくが》）

7
13 エ（速達《そくたつ》）
14 ア（達成《たっせい》）

2日目 練習ドリル

読み（→ほんさつ10ページ）

1 ひっし
2 めんせき
3 せいりゅう
4 たいけん
5 かんさつ
6 しっぱい
7 ひらい
8 とほ
9 しょうめい
10 とうだい
11 しゅうまつ
12 かんしん
13 とくべつ
14 な
15 つと
16 す
17 ひ
18 つつ

書き取り（→ほんさつ11ページ）

1 類
2 利
3 単
4 児
5 漁
6 録
7 典
8 材
9 億
10 共
11 標
12 議
13 飯
14 折
15 的
16 好
17 焼
18 辺

読み（音と訓）（→ほんさつ12ページ）

1 けっか
2 むす
3 れんきゅう
4 つ
5 かいりょう
6 あらた
7 しゅくじつ
8 いわ
9 いちりんしゃ
10 わ
11 けっせき
12 か
13 ぼうえん
14 のぞ

画数（→ほんさつ13ページ）

何画目

1 8
2 11
3 7
4 5

総《そう》画数

5 12
6 10
7 15
8 12

何画目

9 3
10 6
11 4
12 8
13 9
14 8

総画数

15 20

16 11
17 19
18 14
19 11
20 12

漢字と送りがな

（→ほんさつ14ページ）

1 笑う
2 勇ましい
3 借りる
4 覚える
5 栄える
6 量る
7 静かな
8 別れる
9 試みる
10 果たす
11 固まる
12 戦う
13 清い

14 争う
15 加える
16 付ける
17 唱える
18 満たす

同じ読みの漢字

（→ほんさつ15ページ）

1 器
2 機
3 節
4 説
5 衣
6 位
7 労
8 老
9 氏
10 司
11 課
12 貨
13 菜
14 最

3日目 練習ドリル

●読み (↓ほんさつ16ページ)

1 さいてん
2 ぶんべつ
3 しょしん
4 しょっき
5 いち
6 はんせい
7 えいよう
8 ほうちょう
9 がいとう
10 かくち
11 けっか
12 きょうりょく
13 へんか
14 さ
15 た
16 あ
17 まと
18 もっと

●書き取り (↓ほんさつ17ページ)

1 臣
2 約
3 英
4 料
5 陸
6 戦
7 努
8 景
9 副
10 賀
11 府
12 群
13 束
14 願
15 梅
16 残
17 沖
18 照

●漢字えらび (↓ほんさつ18ページ)

1 イ (自信《じしん》)
2 イ (合唱《がっしょう》)
3 イ (野菜《やさい》)
4 ア (貨物《かもつ》)
5 ア (直径《ちょっけい》)
6 イ (好物《こうぶつ》)
7 ウ (衣類《いるい》)
8 ア (不通《ふつう》)
9 ウ (目標《もくひょう》)
10 イ (競走《きょうそう》)
11 ア (改札《かいさつ》)
12 ア (低下《ていか》)

●音読み・訓読み (↓ほんさつ19ページ)

1 イ
2 イ
3 イ
4 ア
5 イ
6 イ
7 ア
8 ア
9 イ
10 ア
11 ア
12 イ
13 イ
14 ア
15 ア
16 イ
17 イ
18 ア
19 ア
20 ア

対義《たいぎ》語（↓ほんさつ20ページ）

1 然（人工《じんこう》—自然《しぜん》）
2 無（有害《ゆうがい》—無害《むがい》）
3 浅（深《ふか》い—浅《あさ》い）
4 徒（先生《せんせい》—生徒《せいと》）
5 失（期待《きたい》—失望《しつぼう》）
6 副（主食《しゅしょく》—副食《ふくしょく》）
7 差（平等《びょうどう》—差別《さべつ》）
8 冷（熱《あつ》い—冷《つめ》たい）
9 卒（入学《にゅうがく》—卒業《そつぎょう》）
10 必（不要《ふよう》—必要《ひつよう》）
11 初（最後《さいご》—最初《さいしょ》）
12 低（高地《こうち》—低地《ていち》）
13 健（病気《びょうき》—健康《けんこう》）
14 曲（直線《ちょくせん》—曲線《きょくせん》）
15 静（運動《うんどう》—静止《せいし》）
16 働（休息《きゅうそく》—労働《ろうどう》）
17 昨（明日《あす》—昨日《さくじつ》）
18 欠（出席《しゅっせき》—欠席《けっせき》）
19 散（集中《しゅうちゅう》—分散《ぶんさん》）
20 泣（笑《わら》う—泣《な》く）

同じ部首の漢字（↓ほんさつ21ページ）

1
1 漁（漁業《ぎょぎょう》）
2 満（満足《まんぞく》）
3 治（自治会《じちかい》）

2
4 録（記録《きろく》）
5 鉄（鉄道《てつどう》）
6 鏡（手鏡《てかがみ》）

3
7 達（上達《じょうたつ》）
8 辺（海辺《うみべ》）
9 連（連休《れんきゅう》）
10 選（選手《せんしゅ》）

4
11 各（各地《かくち》）
12 器（器用《きよう》）
13 周（円周《えんしゅう》）

5
14 芸（園芸《えんげい》）
15 芽（発芽《はつが》）
16 英（英語《えいご》）

6
17 議（会議《かいぎ》）

7
18 課（課題《かだい》）
19 説（説明《せつめい》）
20 改（改札《かいさつ》）
21 敗（勝敗《しょうはい》）
22 放（放送《ほうそう》）
23 散（散歩《さんぽ》）

意味 対義語7［分けへだてることがなく、等しいこと—差をつけて区別したり、分けへだてしたりすること］

4日目 練習ドリル

読み （→ほんさつ22ページ）

1 むすう
2 けんこう
3 ほうぼく
4 ふうけい
5 さべつ
6 あんせい
7 ほっきょく
8 あいけん
9 しぜん
10 いばらき
11 ねっせん
12 はくぶつかん
13 こっき
14 わら
15 おぼ
16 なかなお
17 な
18 ひや

書き取り （→ほんさつ23ページ）

1 便
2 労
3 満
4 菜
5 徳
6 昨
7 量
8 卒
9 器
10 完
11 初
12 阜
13 貨
14 続
15 松
16 栄
17 祝
18 側

画数 （→ほんさつ24ページ）

何画目

1 5
2 6
3 1
4 5

総《そう》画数

5 18
6 13
7 12
8 14

何画目

9 7
10 3
11 10
12 5
13 5
14 8

総画数

15 15
16 16
17 15
18 12
19 16
20 18

漢字と送りがな （→ほんさつ25ページ）

1 必ず
2 省く
3 折れる
4 求める
5 固める
6 香り
7 挙げる
8 養う
9 飛ばす
10 散らす
11 浴びる

12 包む
13 連なる
14 伝える
15 低い
16 改める
17 欠ける
18 敗れる

●同じ読みの漢字 （↓ほんさつ26ページ）

1 候
2 好
3 唱
4 焼
5 季
6 希
7 札
8 察
9 兆
10 調
11 給
12 求
13 参
14 産

●じゅく語作り （↓ほんさつ27ページ）

1　1 エ（住民《じゅうみん》）　2 ア（民話《みんわ》）
2　3 ウ（白衣《はくい》）　4 ア（衣類《いるい》）
3　5 オ（品種《ひんしゅ》）　6 ウ（種目《しゅもく》）
4　7 エ（記念《きねん》）　8 イ（念願《ねんがん》）
5　9 ウ（強固《きょうこ》）　10 オ（固定《こてい》）
6　11 エ（追加《ついか》）　12 イ（加工《かこう》）
7　13 オ（休養《きゅうよう》）　14 ア（養分《ようぶん》）

意味 じゅく語作り1-2［昔からその地方で語り伝えられてきた物語］

5日目 練習ドリル

読み（→ほんさつ28ページ）

1 えひめ
2 きせつ
3 しあい
4 とくさんひん
5 ねん
6 がくげいかい
7 しゅくじつ
8 りょうやく
9 がっしょう
10 あんがい
11 ろくが
12 こうてん
13 しゅるい
14 め
15 あさ
16 うめ
17 な
18 お

書き取り（→ほんさつ29ページ）

1 徒
2 差
3 潟
4 灯
5 必
6 極
7 径
8 連
9 達
10 望
11 選
12 説
13 富
14 笑
15 飛
16 孫
17 伝
18 固

読み（音と訓）（→ほんさつ30ページ）

1 かいすいよく
2 あ
3 かんかく
4 おぼ
5 ほうちょう
6 つつ
7 べんり
8 たよ
9 こうぶつ
10 す
11 ざんねん
12 のこ
13 しょうめい
14 て

漢字えらび（→ほんさつ31ページ）

1 イ（重量《じゅうりょう》）
2 ウ（成功《せいこう》）
3 イ（食器《しょっき》）
4 ア（冷静《れいせい》）
5 ウ（参考書《さんこうしょ》）
6 イ（倉庫《そうこ》）
7 ウ（印刷《いんさつ》）
8 ア（風景《ふうけい》）
9 イ（熱帯魚《ねったいぎょ》）
10 ウ（滋《し》賀《が》県《けん》）
11 ア（公共《こうきょう》）
12 ウ（英語《えいご》）

音読み・訓読み（→ほんさつ32ページ）

1 イ
2 ア
3 ア
4 イ
5 ア
6 イ
7 イ

8 ア
9 ア
10 ア
11 ア
12 ア
13 イ
14 イ
15 イ
16 ア
17 ア
18 ア
19 イ
20 ア

対《たい》義《ぎ》語 (↓ほんさつ33ページ)

1 不 (満足《まんぞく》—不満《ふまん》)
2 副 (本業《ほんぎょう》—副業《ふくぎょう》)
3 続 (中止《ちゅうし》—続行《ぞっこう》)
4 泣 (笑《わら》う—泣《な》く)
5 席 (起立《きりつ》—着席《ちゃくせき》)
6 無 (博学《はくがく》—無学《むがく》)
7 曲 (直線《ちょくせん》—曲線《きょくせん》)
8 低 (高《たか》い—低《ひく》い)
9 敗 (全勝《ぜんしょう》—全敗《ぜんぱい》)
10 末 (年始《ねんし》—年末《ねんまつ》)
11 争 (平和《へいわ》—戦争《せんそう》)
12 昨 (来年《らいねん》—昨年《さくねん》)
13 然 (人工《じんこう》—天然《てんねん》)
14 希 (失望《しつぼう》—希望《きぼう》)
15 初 (上級《じょうきゅう》—初級《しょきゅう》)
16 決 (予算《よさん》—決算《けっさん》)
17 固 (流動《りゅうどう》—固定《こてい》)
18 卒 (入学《にゅうがく》—卒業《そつぎょう》)
19 周 (中心《ちゅうしん》—周辺《しゅうへん》)
20 満 (欠《か》ける—満《み》ちる)

同じ部首の漢字 (↓ほんさつ34ページ)

1
1 底 (海底《かいてい》)
2 康 (健康《けんこう》)
3 府 (府県名《ふけんめい》)

2
4 速 (速度《そくど》)
5 追 (追求《ついきゅう》)
6 遊 (遊園地《ゆうえんち》)

3
7 完 (完全《かんぜん》)
8 害 (害虫《がいちゅう》)
9 宿 (民宿《みんしゅく》)
10 官 (外交官《がいこうかん》)

4
11 候 (気候《きこう》)
12 働 (労働《ろうどう》)
13 借 (借金《しゃっきん》)

5
14 浴 (入浴《にゅうよく》)
15 清 (清流《せいりゅう》)
16 泣 (泣《な》き声《ごえ》)

6
17 果 (果実《かじつ》)
18 栄 (栄光《えいこう》)
19 束 (花束《はなたば》)

7
20 縄 (沖縄《おきなわ》)
21 約 (節約《せつやく》)
22 給 (給食《きゅうしょく》)
23 結 (結末《けつまつ》)

じゅく語作り (↓ほんさつ35ページ)

1
1 ウ (対戦《たいせん》)
2 エ (戦場《せんじょう》)

2
3 オ (式辞《しきじ》)
4 エ (辞典《じてん》)

3
5 ア (悲願《ひがん》)
6 ウ (願書《がんしょ》)

4
7 オ (改良《かいりょう》)
8 ウ (良心《りょうしん》)

5
9 イ (血管《けっかん》)
10 エ (管理《かんり》)

6
11 オ (放牧《ほうぼく》)
12 ア (牧場《ぼくじょう》)

7
13 ウ (自信《じしん》)
14 イ (信念《しんねん》)

意味 じゅく語作り3-5 [どんなことがあってもやりとげたいと思っている強い願い]

6日目 模擬《もぎ》試験①

❶ 読み（→ほんさつ36ページ）

1 しゅくふく
2 くんれん
3 か
4 でんせつ
5 たね
6 まんてん
7 しんるい
8 す
9 ちあん
10 いちりんしゃ
11 だせき
12 すばこ
13 せんしゅ
14 まわ
15 まちかど
16 ぞっこう
17 もっと
18 よくしつ
19 やじるし
20 せきしょ

❷ 読み（音と訓）（→ほんさつ36ページ）

1 へんか
2 か
3 やくそく
4 たば
5 じかく
6 さ
7 ねったいぎょ
8 あつ
9 ほうち
10 お

❸ 漢字えらび（→ほんさつ36ページ）

1 ウ（付近《ふきん》）
2 ア（健康《けんこう》）
3 イ（反省《はんせい》）
4 イ（良心《りょうしん》）
5 ア（休養《きゅうよう》）
6 ア（照明《しょうめい》）
7 イ（投票《とうひょう》）
8 イ（参加《さんか》）
9 ウ（号令《ごうれい》）
10 ウ（完成《かんせい》）

❹ 画数（→ほんさつ38ページ）

何画目

1 8
2 4
3 1
4 12
5 3

総《そう》画数

6 18
7 10
8 10
9 11
10 14

❺ 音読み・訓読み（→ほんさつ38ページ）

1 ア
2 ア
3 ア
4 イ
5 イ
6 イ
7 ア
8 ア
9 イ
10 イ

❻ 対義《たいぎ》語（→ほんさつ39ページ）

1 低（最高《さいこう》―最低《さいてい》）
2 無（有名《ゆうめい》―無名《むめい》）
3 差（平行《へいこう》―交差《こうさ》）
4 戦（平和《へいわ》―戦争《せんそう》）
5 冷（熱《あつ》い―冷《つめ》たい）

意味 読み6［空いっぱい］、読み9［世の中が平和によく治められておだやかなこと］

❼ 漢字と送りがな（↓ほんさつ38ページ）

1 焼ける
2 浅い
3 加わる
4 伝わる
5 働く
6 建てる
7 願う

❽ 同じ部首の漢字（↓ほんさつ38ページ）

ア
1 念（記念《きねん》）
2 愛（愛犬《あいけん》）

イ
3 必（必要《ひつよう》）
4 信（自信《じしん》）
5 側（両側《りょうがわ》）
6 億（一億円《いちおくえん》）

ウ
7 副（副食《ふくしょく》）
8 利（便利《べんり》）
9 刷（印刷《いんさつ》）
10 列（整列《せいれつ》）

❾ 同じ読みの漢字（↓ほんさつ40ページ）

1 量
2 料
3 低
4 底
5 鏡
6 共
7 徳
8 特

❿ じゅく語作り（↓ほんさつ40ページ）

一
1 **イ**（急変《きゅうへん》）
2 **オ**（変身《へんしん》）

二
3 **ウ**（消失《しょうしつ》）
4 **イ**（失敗《しっぱい》）

三
5 **ア**（重要《じゅうよう》）
6 **エ**（要求《ようきゅう》）

四
7 **エ**（打順《だじゅん》）
8 **ウ**（順番《じゅんばん》）

五
9 **オ**（目的《もくてき》）
10 **ア**（的中《てきちゅう》）

⓫ 書き取り（↓ほんさつ40ページ）

1 挙
2 席
3 節
4 衣
5 積
6 塩
7 管
8 残
9 散
10 奈
11 観
12 静
13 倉
14 芽
15 借
16 課
17 唱
18 候
19 改
20 包

意味 じゅく語作り10［①的に当たること。②考えたとおりにぴたりと当たること］

7日目 模《も》擬《ぎ》試験②

❶ 読み（→ほんさつ42ページ）

1 どりょく
2 だいざい
3 たてもの
4 いるい
5 つつ
6 たいりょう
7 きかい
8 あつ
9 のこ
10 えいご
11 つた
12 か
13 さんどう
14 つ
15 お
16 さんち
17 はじ
18 と
19 みんげいひん
20 きしべ

❷ 読み（音と訓）（→ほんさつ42ページ）

1 かこう
2 くわ
3 まんいん
4 み
5 がんしょ
6 ねが
7 ひつよう
8 かなら
9 れんぞく
10 つら

❸ 漢字えらび（→ほんさつ42ページ）

1 **イ**（変化《へんか》）
2 **ア**（給食《きゅうしょく》）
3 **イ**（四《し》季《き》折《おり》折《おり》）
4 **ウ**（日課《にっか》）
5 **イ**（照会《しょうかい》）
6 **ア**（天候《てんこう》）
7 **イ**（改札《かいさつ》）
8 **ウ**（料理《りょうり》）
9 **イ**（水道管《すいどうかん》）
10 **ア**（関心《かんしん》）

❹ 画数（→ほんさつ44ページ）

何画目

1 4
2 6
3 7
4 8
5 5

総《そう》画数

6 12
7 15
8 20
9 14
10 10

❺ 音読み・訓読み（→ほんさつ44ページ）

1 **ア**
2 **イ**
3 **ア**
4 **ア**
5 **ア**
6 **ア**
7 **イ**
8 **ア**
9 **イ**
10 **ア**

❻ 対義語《たいぎ》（→ほんさつ45ページ）

1 低（向上《こうじょう》―低下《ていか》）
2 不（良好《りょうこう》―不良《ふりょう》）
3 散（集《あつ》まる―散《ち》る）
4 無（有料《ゆうりょう》―無料《むりょう》）
5 失（期待《きたい》―失望《しつぼう》）

意味 対義語１［ものごとがよりよい方向に向かうこと―ものごとのてい度などが悪くなること］

❼ 漢字と送りがな（↓ほんさつ44ページ）

1 選ぶ
2 続ける
3 冷たい
4 覚める
5 照らす
6 治まる
7 祝う

❽ 同じ部首の漢字（↓ほんさつ44ページ）

ア
1 箱（筆箱《ふでばこ》）
2 節（季節《きせつ》）
3 笑（笑《わら》い声《ごえ》）

イ
4 労（苦労《くろう》）
5 勇（勇気《ゆうき》）
6 功（成功《せいこう》）

ウ
7 極（南極《なんきょく》）
8 松（松林《まつばやし》）
9 標（目標《もくひょう》）
10 機（機会《きかい》）

❾ 同じ読みの漢字（↓ほんさつ46ページ）

1 観
2 完
3 港
4 好
5 隊
6 帯
7 害
8 街

❿ じゅく語作り（↓ほんさつ46ページ）

一
1 **ウ**（予約《よやく》）
2 **ア**（約束《やくそく》）

二
3 **イ**（生徒《せいと》）
4 **ウ**（徒歩《とほ》）

三
5 **ア**（大漁《たいりょう》）
6 **エ**（漁業《ぎょぎょう》）

四
7 **ウ**（面積《めんせき》）
8 **エ**（積雪《せきせつ》）

五
9 **オ**（消灯《しょうとう》）
10 **イ**（灯台《とうだい》）

⓫ 書き取り（↓ほんさつ46ページ）

1 種
2 愛
3 康
4 清
5 置
6 然
7 最
8 念
9 泣
10 省
11 求
12 欠
13 浅
14 博
15 鏡
16 働
17 別
18 養
19 底
20 結

7日間完成!

漢検4級 直前対策ドリル

三訂版

書き込み式

別冊

もくじ

旺文社

1日目 練習ドリル

●読み（→本冊4ページ）

1 いぎ
2 そうげい
3 せいえん
4 くっし
5 しんみょう
6 めいわく
7 ゆうだい
8 もうれつ
9 じっきょう
10 てんぽ
11 びんそく
12 しょうさい
13 くじょ
14 きばつ
15 おくそく
16 あお
17 かがや
18 あざ
19 く
20 ほま
21 あた
22 きずあと
23 こめつぶ

●書き取り（→本冊5ページ）

1 突入
2 巨大
3 樹立
4 推進
5 性分
6 操縦
7 批判
8 経営
9 建築
10 補強
11 急務
12 演奏
13 筋肉
14 習慣
15 危
16 裏切
17 背泳
18 汗水
19 盛
20 厳
21 値引
22 預
23 身構

●同音・同訓異字（→本冊6ページ）

1 **ウ**（風刺《ふうし》）
2 **エ**（趣旨《しゅし》）
3 **ア**（雌雄《しゆう》）
4 **オ**（勧告《かんこく》）
5 **ア**（乾杯《かんぱい》）
6 **イ**（歓声《かんせい》）
7 **エ**（忙殺《ぼうさつ》）
8 **イ**（傍観《ぼうかん》）
9 **ア**（冒頭《ぼうとう》）
10 **オ**（誇張《こちょう》）
11 **ウ**（鼓舞《こぶ》）
12 **イ**（証拠《しょうこ》）
13 **ア**（舞踊《ぶよう》）
14 **オ**（童謡《どうよう》）
15 **エ**（溶解《ようかい》）
16 **ウ**（浸透《しんとう》）
17 **ア**（盗作《とうさく》）
18 **エ**（逃避《とうひ》）
19 **イ**（執《と》る）
20 **エ**（留《と》める）
21 **ウ**（説《と》く）

●熟語の構成（→本冊7ページ）

1 **イ**（浮沈《ふちん》。浮く⇕沈む）
2 **イ**（栄枯《えいこ》。栄える⇕おとろえる）
3 **ア**（皮膚《ひふ》。どちらも「はだ」）
4 **イ**（首尾《しゅび》。始め⇕終わり）

意味 同音・同訓異字4［ある行動をとるよう説きすすめること］

5 ウ(安眠《あんみん》。安らかな↓眠り)
6 イ(功罪《こうざい》。手柄⇕罪)
7 ア(劣悪《れつあく》。どちらも「わるい」)
8 ア(歌謡《かよう》。どちらも「うた」)
9 イ(濃淡《のうたん》。濃い⇕淡い)
10 エ(握手《あくしゅ》。握る↑手を)
11 オ(無恥《むち》。「恥と思わない」と解釈)
12 イ(経緯《けいい》。縦糸(経)⇕横糸(緯))
13 イ(清濁《せいだく》。すむ⇕濁る)
14 エ(避暑《ひしょ》。避ける↑暑さを)
15 オ(不慮《ふりょ》。「思っていない」と解釈)
16 イ(遅速《ちそく》。遅い⇕速い)
17 イ(需給《じゅきゅう》。需要⇕供給)
18 ウ(豪雨《ごうう》。つよい↓雨)
19 ア(光輝《こうき》。どちらも「かがやく」)
20 エ(禁煙《きんえん》。禁じる↑タバコを)
21 ア(別離《べつり》。どちらも「わかれる」)
22 ア(到達《とうたつ》。どちらも「行き着く」)
23 ア(鋭敏《えいびん》。どちらも「するどい」)
24 ア(堅固《けんご》。どちらも「かたい」)
25 ア(比較《ひかく》。どちらも「くらべる」)
26 エ(更衣《こうい》。かえる↑衣を)

●対義語・類義語 (↓本冊8ページ)

1 放(閉鎖《へいさ》―開放《かいほう》)
2 略(繁雑《はんざつ》―簡略《かんりゃく》)
3 油(警戒《けいかい》―油断《ゆだん》)
4 低(高雅《こうが》―低俗《ていぞく》)
5 重(軽率《けいそつ》―慎重《しんちょう》)
6 真(本気《ほんき》―真剣《しんけん》)
7 想(追憶《ついおく》―回想《かいそう》)
8 永(恒久《こうきゅう》―永遠《えいえん》)
9 角(対等《たいとう》―互角《ごかく》)
10 群(屈指《くっし》―抜群《ばつぐん》)
11 臨(定期《ていき》―臨時《りんじ》)
12 納(徴収《ちょうしゅう》―納入《のうにゅう》)
13 延(短縮《たんしゅく》―延長《えんちょう》)
14 理(却下《きゃっか》―受理《じゅり》)
15 頭(歳末《さいまつ》―年頭《ねんとう》)
16 純(複雑《ふくざつ》―単純《たんじゅん》)
17 夫(病弱《びょうじゃく》―丈 夫《じょうぶ》)
18 冷(沈着《ちんちゃく》―冷静《れいせい》)
19 格(及第《きゅうだい》―合格《ごうかく》)
20 模(手本《てほん》―模範《もはん》)
21 弁(釈明《しゃくめい》―弁解《べんかい》)
22 得(入手《にゅうしゅ》―獲得《かくとく》)
23 努(精進《しょうじん》―努力《どりょく》)
24 従(隷属《れいぞく》―服従《ふくじゅう》)

●四字熟語 (↓本冊9ページ)

1 打(一網打尽《いちもうだじん》)
2 腹(抱腹絶倒《ほうふくぜっとう》)
3 寒(頭寒足熱《ずかんそくねつ》)
4 材(適材適所《てきざいてきしょ》)
5 豊(豊年満作《ほうねんまんさく》)
6 利(薄利多売《はくりたばい》)
7 節(時節到来《じせつとうらい》)
8 欠(完全無欠《かんぜんむけつ》)
9 旧(名所旧跡《めいしょきゅうせき》)
10 奮(力戦奮闘《りきせんふんとう》)
11 未(人跡未踏《じんせきみとう》)
12 飲(牛飲馬食《ぎゅういんばしょく》)
13 転(起承転結《きしょうてんけつ》)
14 志(闘志満満《とうしまんまん》)
15 金(金科玉条《きんかぎょくじょう》)
16 言(言行一致《げんこういっち》)
17 優(優柔不断《ゆうじゅうふだん》)
18 非(是非曲直《ぜひきょくちょく》)
19 暗(暗雲低迷《あんうんていめい》)
20 異(大同小異《だいどうしょうい》)
21 温(温故知新《おんこちしん》)
22 喜(喜色満面《きしょくまんめん》)
23 青(青息吐息《あおいきといき》)

意味 四字熟語15 [この上なく大切なきまり]、四字熟語20 [小さな違いはあってもだいたいは同じであること]

2日目 練習ドリル

● 読み（→本冊10ページ）

1 べっと
2 てんじょう
3 きはん
4 せきさい
5 せんれつ
6 こうきゅう
7 とろ
8 しりょ
9 そっせん
10 しゅうしん
11 すんか
12 けいこう
13 じゅよう
14 かいほう
15 てがら
16 す
17 わた
18 せま
19 あぶらあせ
20 か
21 にぎ
22 かたむ
23 うすぎ

● 書き取り（→本冊11ページ）

1 圧縮
2 弁舌
3 断片
4 雷雨
5 極秘
6 婚約
7 区域
8 好感
9 過激
10 保留
11 沿線
12 迷子
13 景色
14 除去
15 甘口
16 筋道
17 値札
18 優
19 目頭
20 門出
21 痛
22 注
23 見限

● 漢字の識別（→本冊12ページ）

1 **ア**（鼓舞《こぶ》・太鼓《たいこ》・鼓笛隊《こてきたい》）
2 **キ**（妙案《みょうあん》・奇妙《きみょう》・絶妙《ぜつみょう》）
3 **オ**（躍動《やくどう》・跳躍《ちょうやく》・活躍《かつやく》）
4 **ク**（互角《ごかく》・交互《こうご》・相互《そうご》）
5 **ウ**（物騒《ぶっそう》・騒動《そうどう》・騒乱《そうらん》）
6 **カ**（新鋭《しんえい》・鋭利《えいり》・鋭敏《えいびん》）
7 **イ**（波紋《はもん》・紋章《もんしょう》・家紋《かもん》）
8 **コ**（攻守《こうしゅ》・猛攻《もうこう》・攻略《こうりゃく》）
9 **エ**（自慢《じまん》・慢心《まんしん》・高慢《こうまん》）
10 **ケ**（執念《しゅうねん》・執行《しっこう》・固執《こしつ(しゅう)》）
11 **コ**（鑑定《かんてい》・印鑑《いんかん》・鑑賞《かんしょう》）
12 **オ**（貯蓄《ちょちく》・含蓄《がんちく》・蓄財《ちくざい》）
13 **キ**（敏腕《びんわん》・腕力《わんりょく》・腕前《うでまえ》）
14 **イ**（縁談《えんだん》・額縁《がくぶち》・縁故《えんこ》）
15 **ア**（濁流《だくりゅう》・濁点《だくてん》・白濁《はくだく》）
16 **ウ**（回避《かいひ》・避難《ひなん》・退避《たいひ》）
17 **カ**（抗議《こうぎ》・抵抗《ていこう》・反抗《はんこう》）
18 **ク**（散漫《さんまん》・漫遊《まんゆう》・漫然《まんぜん》）
19 **エ**（困惑《こんわく》・惑星《わくせい》・迷惑《めいわく》）
20 **ア**（跡形《あとかた》・追跡《ついせき》・遺跡《いせき》）

● 部首（→本冊13ページ）

1 **エ**（ほこづくり・ほこがまえ）
2 **エ**（さんづくり）
3 **エ**（だい）
4 **ウ**（かばね・しかばね）
5 **ア**（よう・いとがしら）

意味 漢字の識別12含蓄［言葉や文章の内容が豊かで、深い味わいを含みもっていること］

6　イ（まだれ）
7　エ（さんづくり）
8　ウ（とだれ・とかんむり）
9　ア（ひ）
10　エ（き）
11　ウ（るまた・ほこづくり）
12　ア（た）
13　ウ（やまいだれ）
14　ア（あみがしら・あみめ・よこめ）
15　ア（はね）
16　エ（ちから）
17　ウ（わりふ・ふしづくり）
18　イ（あなかんむり）
19　ア（やまいだれ）

送りがな （→本冊14ページ）

1　危ぶむ
2　豊かな
3　望ましい
4　慣れる
5　後ろめたい
6　供える
7　授かる
8　欲しい
9　訪れる
10　親しい
11　養う
12　閉ざす
13　確かめる
14　果てる
15　従う
16　幸い
17　連なる
18　明らかに
19　散らかさ
20　浴びせる
21　覚める
22　腐らす
23　志し

誤字訂正 （→本冊15ページ）

1　制→整（整備《せいび》）
2　補→保（保存《ほぞん》）
3　典→展（展覧会《てんらんかい》）
4　到→討（検討《けんとう》）
5　知→治（治療《ちりょう》）
6　特→得（獲得《かくとく》）
7　財→済（経済《けいざい》）
8　操→装（装置《そうち》）
9　仕→支（支援《しえん》）
10　与→予（予測《よそく》）
11　全→善（改善《かいぜん》）
12　作→策（対策《たいさく》）
13　使→視（監視《かんし》）
14　起→揮（発揮《はっき》）

3日目 練習ドリル

読み（→本冊16ページ）

1 のうむ
2 もくどく
3 ふくしょく
4 いほう
5 だつぼう
6 はくしゃ
7 おだく
8 こんきょ
9 ぼうかん
10 せっぱく
11 ちょうやく
12 みょうぎ
13 きゃっこう
14 げんこう
15 きゃっか
16 はんぼう
17 いく
18 たの
19 あま
20 まど
21 えら
22 ふく
23 はず

書き取り（→本冊17ページ）

1 色彩
2 下旬
3 簡潔
4 祝福
5 補習
6 模写
7 車窓
8 綿密
9 混乱
10 夢中
11 内訳
12 支障
13 民衆
14 安否
15 背
16 山奥
17 手探
18 基
19 片時
20 老
21 舌打
22 出任
23 夕暮

同音・同訓異字（→本冊18ページ）

1 **オ**（自負《じふ》）
2 **イ**（腐敗《ふはい》）
3 **ウ**（浮上《ふじょう》）
4 **イ**（依頼《いらい》）
5 **ア**（経緯《けいい》）
6 **エ**（威厳《いげん》）
7 **ウ**（恐縮《きょうしゅく》）
8 **ア**（盛況《せいきょう》）
9 **オ**（熱狂《ねっきょう》）
10 **エ**（堅持《けんじ》）
11 **イ**（圏内《けんない》）
12 **ウ**（派遣《はけん》）
13 **ア**（皆無《かいむ》）
14 **オ**（介入《かいにゅう》）
15 **イ**（警戒《けいかい》）
16 **ウ**（継承《けいしょう》）
17 **エ**（傾倒《けいとう》）
18 **オ**（恩恵《おんけい》）
19 **エ**（触《ふ》れる）
20 **ア**（踏《ふ》む）
21 **イ**（振《ふ》るう）

熟語の構成（→本冊19ページ）

1 **オ**（無尽《むじん》。「尽きることがない」と解釈）
2 **イ**（雌雄《しゆう》。メス⇔オス）
3 **オ**（不眠《ふみん》。「眠らない」と解釈）

4 **ウ**（汚点《おてん》。汚れた↓点）
5 **ウ**（橋脚《きょうきゃく》。橋の↓脚）
6 **イ**（因果《いんが》。原因⇕結果）
7 **ウ**（筆跡《ひっせき》。筆の↓跡）
8 **エ**（抜群《ばつぐん》。抜く↑群を）
9 **ア**（援助《えんじょ》。どちらも「たすける」）
10 **イ**（存亡《そんぼう》。存在する⇕ほろびる）
11 **ア**（休暇《きゅうか》。どちらも「やすみ」）
12 **ウ**（斜面《しゃめん》。斜めの↓面）
13 **ア**（運搬《うんぱん》。どちらも「はこぶ」）
14 **イ**（送迎《そうげい》。送る⇕迎える）
15 **オ**（未婚《みこん》。「まだ結婚していない」と解釈）
16 **ア**（獲得《かくとく》。どちらも「える」）
17 **イ**（着脱《ちゃくだつ》。着る⇕脱ぐ）
18 **イ**（陰陽《いんよう》。かげ⇕ひなた）
19 **エ**（乾杯《かんぱい》。飲み干す↑杯を）
20 **ウ**（歓声《かんせい》。よろこぶ↓声）
21 **エ**（越境《えっきょう》。越える↑境を）
22 **ア**（遊戯《ゆうぎ》。どちらも「あそぶ」）
23 **ア**（違反《いはん》。どちらも「そむく」）
24 **ウ**（闘志《とうし》。闘う↓志）
25 **エ**（屈指《くっし》。折り曲げる↑指を）
26 **ウ**（遠征《えんせい》。遠くへ↓行く）

●対義語・類義語 （↓本冊20ページ）

1 就（起床《きしょう》―就寝《しゅうしん》）
2 喜（悲嘆《ひたん》―歓喜《かんき》）
3 防（攻撃《こうげき》―防御《ぼうぎょ》）
4 頭（末尾《まつび》―冒頭《ぼうとう》）
5 留（決定《けってい》―保留《ほりゅう》）
6 将（前途《ぜんと》―将来《しょうらい》）
7 永（不朽《ふきゅう》―永遠《えいえん》）
8 肉（風刺《ふうし》―皮肉《ひにく》）
9 由（根拠《こんきょ》―理由《りゆう》）
10 準（支度《したく》―準備《じゅんび》）
11 暴（温和《おんわ》―乱暴《らんぼう》）
12 革（保守《ほしゅ》―革新《かくしん》）
13 貯（消費《しょうひ》―貯蓄《ちょちく》）
14 調（不振《ふしん》―好調《こうちょう》）
15 延（短縮《たんしゅく》―延長《えんちょう》）
16 苦（甘言《かんげん》―苦言《くげん》）
17 序（終盤《しゅうばん》―序盤《じょばん》）
18 富（長者《ちょうじゃ》―富豪《ふごう》）
19 改（変更《へんこう》―改定《かいてい》）
20 看（介抱《かいほう》―看護《かんご》）
21 参（出席《しゅっせき》―参列《さんれつ》）
22 比（対照《たいしょう》―比較《ひかく》）
23 辺（近隣《きんりん》―周辺《しゅうへん》）
24 常（普通《ふつう》―尋常《じんじょう》）

●四字熟語 （↓本冊21ページ）

1 天（驚天動地《きょうてんどうち》）
2 退（一進一退《いっしんいったい》）
3 足（自給自足《じきゅうじそく》）
4 路（理路整然《りろせいぜん》）
5 散（注意散漫《ちゅういさんまん》）
6 事（多事多端《たじたたん》）
7 用（問答無用《もんどうむよう》）
8 望（一望千里《いちぼうせんり》）
9 青（青息吐息《あおいきといき》）
10 体（絶体絶命《ぜったいぜつめい》）
11 口（異口同音《いくどうおん》）
12 善（是非善悪《ぜひぜんあく》）
13 断（即断即決《そくだんそっけつ》）
14 論（議論百出《ぎろんひゃくしゅつ》）
15 明（山紫水明《さんしすいめい》）
16 秋（一日千秋《いちじつ（にち）せんしゅう》）
17 門（門外不出《もんがいふしゅつ》）
18 興（興味本位《きょうみほんい》）
19 挙（一挙一動《いっきょいちどう》）
20 転（心機一転《しんきいってん》）
21 災（天災地変《てんさいちへん》）
22 消（意気消沈《いきしょうちん》）
23 状（現状維持《げんじょういじ》）

4日目 練習ドリル

読み（→本冊22ページ）

（→本冊22ページ）

1 はんきょう
2 せいせん
3 ようきょく
4 きねん
5 せいえい
6 かくとく
7 はいしゅつ
8 ちめい
9 かしょ
10 そくおう
11 りょうよう
12 たいきゅう
13 かんこ
14 ちえん
15 かんるい
16 みずびた
17 いそが
18 あわ
19 こよみ
20 めぐ
21 こ
22 こづか
23 だま

書き取り（→本冊23ページ）

1 非凡
2 検討
3 迷信
4 欲張
5 賛否
6 統計
7 最適
8 導入
9 重視
10 握力
11 勤続
12 推察
13 演劇
14 看板
15 裏庭
16 傷口
17 胸元
18 訪
19 並木
20 人影
21 厚手
22 目盛
23 望

同音・同訓異字（→本冊24ページ）

1 ア（回避《かいひ》）
2 イ（被写体《ひしゃたい》）
3 ウ（彼岸《ひがん》）
4 イ（無縁《むえん》）
5 エ（声援《せいえん》）
6 ウ（沿線《えんせん》）
7 オ（不朽《ふきゅう》）
8 イ（言及《げんきゅう》）
9 エ（砂丘《さきゅう》）
10 エ（触発《しょくはつ》）
11 ウ（装飾《そうしょく》）
12 オ（繁殖《はんしょく》）
13 オ（専攻《せんこう》）
14 イ（事項《じこう》）
15 エ（恒例《こうれい》）
16 ウ（称賛《しょうさん》）
17 ア（起床《きしょう》）
18 オ（詳細《しょうさい》）
19 オ（尽《つ》きる）
20 エ（就《つ》く）
21 ウ（継《つ》ぐ）

漢字の識別（→本冊25ページ）

1 ケ（触発《しょくはつ》・接触《せっしょく》・感触《かんしょく》）
2 カ（首尾《しゅび》・尾根《おね》・尾行《びこう》）
3 ウ（威圧《いあつ》・威厳《いげん》・権威《けんい》）
4 イ（却下《きゃっか》・売却《ばいきゃく》・退却《たいきゃく》）

5 コ（儀式《ぎしき》・儀礼《ぎれい》・流儀《りゅうぎ》）
6 ウ（機敏《きびん》・敏感《びんかん》・敏腕《びんわん》）
7 カ（冷淡《れいたん》・淡泊《たんぱく》・濃淡《のうたん》）
8 ク（紹介《しょうかい》・介入《かいにゅう》・介抱《かいほう》）
9 エ（突撃《とつげき》・唐突《とうとつ》・突端《とったん》）
10 ア（微動《びどう》・微妙《びみょう》・微生物《びせいぶつ》）
11 キ（師範《しはん》・範囲《はんい》・模範《もはん》）
12 オ（離脱《りだつ》・脱衣《だつい》・脱却《だっきゃく》）
13 ケ（鮮度《せんど》・鮮明《せんめい》・鮮烈《せんれつ》）
14 コ（戯画《ぎが》・戯曲《ぎきょく》・遊戯《ゆうぎ》）
15 イ（相違《そうい》・違反《いはん》・違法《いほう》）
16 ク（先端《せんたん》・道端《みちばた》・端正《たんせい》）
17 エ（到来《とうらい》・到着《とうちゃく》・到達《とうたつ》）
18 カ（極秘《ごくひ》・極限《きょくげん》・究極《きゅうきょく》）
19 ウ（猛烈《もうれつ》・烈火《れっか》・烈風《れっぷう》）
20 ア（指摘《してき》・摘出《てきしゅつ》・摘発《てきはつ》）

●対義語・類義語

（→本冊26ページ）

1 冷（加熱《かねつ》—冷却《れいきゃく》）
2 留（在宅《ざいたく》—留守《るす》）
3 破（建設《けんせつ》—破壊《はかい》）
4 遠（近隣《きんりん》—遠方《えんぽう》）
5 陽（陰性《いんせい》—陽性《ようせい》）
6 輸（運搬《うんぱん》—輸送《ゆそう》）
7 親（縁者《えんじゃ》—親類《しんるい》）
8 脈（筋道《すじみち》—脈絡《みゃくらく》）
9 績（手柄《てがら》—功績《こうせき》）
10 他（永眠《えいみん》—他界《たかい》）
11 豊（凶作《きょうさく》—豊作《ほうさく》）
12 盟（脱退《だったい》—加盟《かめい》）
13 白（深夜《しんや》—白昼《はくちゅう》）
14 過（故意《こい》—過失《かしつ》）
15 孫（祖先《そせん》—子孫《しそん》）
16 幼（老齢《ろうれい》—幼年《ようねん》）
17 台（客席《きゃくせき》—舞台《ぶたい》）
18 独（専有《せんゆう》—独占《どくせん》）
19 樹（巨木《きょぼく》—大樹《たいじゅ》）
20 案（考慮《こうりょ》—思案《しあん》）
21 早（即刻《そっこく》—早速《さっそく》）
22 憶（推量《すいりょう》—憶測《おくそく》）
23 路（道端《みちばた》—路傍《ろぼう》）
24 格（値段《ねだん》—価格《かかく》）

●誤字訂正

（→本冊27ページ）

1 反→判（判断《はんだん》）
2 科→課（課題《かだい》）
3 基→規（規制《きせい》）
4 長→重（貴重《きちょう》）
5 使→視（監視《かんし》）
6 仕→飼（飼育《しいく》）
7 真→深（深刻《しんこく》）
8 営→衛（衛生《えいせい》）
9 公→候（候補《こうほ》）
10 事→示（提示《ていじ》）
11 助→除（駆除《くじょ》）
12 改→開（開発《かいはつ》）
13 志→指（屈指《くっし》）
14 覚→確（確認《かくにん》）

5日目 練習ドリル

●書き取り（→本冊28ページ）

1 声援
2 濃度
3 墓穴
4 不屈
5 優秀
6 拍手
7 素顔
8 選抜
9 奇妙
10 危険
11 吸収
12 専属
13 経由
14 延期
15 熟練
16 注射
17 短縮
18 貯蔵
19 測定
20 節約
21 郷土
22 納税
23 通訳
24 乳製品
25 度胸
26 輸送
27 簡潔
28 服装
29 化身
30 操縦
31 土俵
32 講師
33 芝生
34 仮
35 大幅
36 見渡
37 悩
38 省
39 慣
40 干
41 巻
42 欲
43 拾
44 雨宿
45 授
46 招
47 目覚
48 巣立
49 奮

●同音・同訓異字（→本冊30ページ）

1 ウ（感嘆《かんたん》）
2 エ（淡泊《たんぱく》）
3 ア（端的《たんてき》）
4 ウ（市販《しはん》）
5 イ（繁雑《はんざつ》）
6 オ（搬入《はんにゅう》）
7 ア（寝食《しんしょく》）
8 エ（不振《ふしん》）
9 ウ（侵攻《しんこう》）
10 イ（根拠《こんきょ》）
11 オ（巨万《きょまん》）
12 ウ（快挙《かいきょ》）
13 イ（新鮮《しんせん》）
14 ウ（独占《どくせん》）
15 オ（扇風機《せんぷうき》）
16 イ（遠征《えんせい》）
17 オ（旧姓《きゅうせい》）
18 ア（盛会《せいかい》）
19 ウ（押《お》す）
20 エ（負《お》う）
21 イ（推《お》す）

●部首（→本冊31ページ）

1 ア（くさかんむり）
2 ア（にくづき）
3 エ（げん）

4 エ（のごめへん）
5 ア（さむらい）
6 イ（おんな）
7 エ（ほこづくり・ほこがまえ）
8 エ（ふるとり）
9 エ（のぶん・ぼくづくり）
10 ア（ひ）
11 ウ（あくび・かける）
12 ア（とめる）
13 エ（れんが・れっか）
14 エ（め）
15 イ（そうにょう）
16 エ（ぎょうがまえ・ゆきがまえ）
17 ウ（くさかんむり）
18 エ（のぎ）
19 ウ（れいづくり）

●対義語・類義語 （→本冊32ページ）

1 相（一致《いっち》—相違《そうい》）
2 豊（凶作《きょうさく》—豊作《ほうさく》）
3 鳴（歓声《かんせい》—悲鳴《ひめい》）
4 益（損失《そんしつ》—利益《りえき》）
5 満（不和《ふわ》—円満《えんまん》）
6 警（用心《ようじん》—警戒《けいかい》）
7 団（結束《けっそく》—団結《だんけつ》）
8 堅（地道《じみち》—堅実《けんじつ》）
9 逆（反撃《はんげき》—逆襲《ぎゃくしゅう》）
10 最（冒頭《ぼうとう》—最初《さいしょ》）
11 永（誕生《たんじょう》—永眠《えいみん》）
12 弱（強固《きょうこ》—薄弱《はくじゃく》）
13 停（航行《こうこう》—停泊《ていはく》）
14 厳（猛暑《もうしょ》—厳寒《げんかん》）
15 則（例外《れいがい》—原則《げんそく》）
16 留（在宅《ざいたく》—留守《るす》）
17 却（進撃《しんげき》—退却《たいきゃく》）
18 匹（同等《どうとう》—匹敵《ひってき》）
19 夫（健康《けんこう》—丈夫《じょうぶ》）
20 困（閉口《へいこう》—困惑《こんわく》）
21 冷（沈着《ちんちゃく》—冷静《れいせい》）
22 務（使命《しめい》—責務《せきむ》）
23 土（堤防《ていぼう》—土手《どて》）
24 肉（風刺《ふうし》—皮肉《ひにく》）

●送りがな （→本冊33ページ）

1 設ける
2 供える
3 足りる
4 優れ
5 借りる
6 軽やかに
7 過ぎる
8 謝る
9 満ちる
10 欠ける
11 群がっ
12 敬う
13 改める
14 拝む
15 帯びる
16 基づく
17 反らす
18 勢い
19 率い
20 祝う
21 補う
22 細かい
23 構える

●四字熟語 （→本冊34ページ）

1 難（七難八苦《しちなんはっく》）
2 里（五里霧中《ごりむちゅう》）
3 鏡（明鏡止水《めいきょうしすい》）
4 腹（面従腹背《めんじゅうふくはい》）
5 刻（一刻千金《いっこくせんきん》）
6 周（用意周到《よういしゅうとう》）
7 乱（一心不乱《いっしんふらん》）
8 転（起承転結《きしょうてんけつ》）
9 後（後生大事《ごしょうだいじ》）
10 分（大義名分《たいぎめいぶん》）
11 刀（単刀直入《たんとうちょくにゅう》）

意味 四字熟語3［心が正しく落ち着き澄んださま］、四字熟語10［行動のよりどころとなるもっともな理由］

12 望（前途有望《ぜんとゆうぼう》）

13 火（電光石火《でんこうせっか》）

14 災（無病息災《むびょうそくさい》）

15 段（無理算段《むりさんだん》）

16 実（有名無実《ゆうめいむじつ》）

17 談（談論風発《だんろんふうはつ》）

18 未（人跡未踏《じんせきみとう》）

19 姿（容姿端麗《ようしたんれい》）

20 白（青天白日《せいてんはくじつ》）

21 想（奇想天外《きそうてんがい》）

22 断（言語道断《ごんごどうだん》）

23 異（天変地異《てんぺんちい》）

●誤字訂正 （↓本冊35ページ）

1 接→設（設備《せつび》）

2 疲→被（被害《ひがい》）

3 幹→関（機関《きかん》）

4 盟→迷（低迷《ていめい》）

5 連→練（訓練《くんれん》）

6 彩→菜（野菜《やさい》）

7 為→易（容易《ようい》）

8 往→応（適応《てきおう》）

9 殖→増（増《ふ》える）

10 貨→価（高価《こうか》）

11 材→財（文化財《ぶんかざい》）

12 当→登（登場《とうじょう》）

13 集→収（回収《かいしゅう》）

14 回→改（改定《かいてい》）

6日目 模擬《もぎ》試験①

❶ 読み（↓本冊36ページ）

1 べっと
2 かくとく
3 じゅよう
4 そうしょく
5 しゅうしん
6 みゃくらく
7 こうきゅう
8 ちょうやく
9 がんちく
10 しんとう
11 じっきょう
12 きえん
13 はんしょく
14 たいくつ
15 けいぞく
16 きゅうみん
17 ひふ
18 せいじゃく
19 いよう
20 おそ
21 あざ
22 くさり
23 するど
24 こ
25 さ
26 こよみ
27 めぐ
28 のが
29 こめつぶ
30 したく

❷ 同音・同訓異字（↓本冊36ページ）

1 ア（舞踊《ぶよう》）
2 オ（童謡《どうよう》）
3 イ（溶解《ようかい》）
4 エ（暴風雨圏《ぼうふううけん》）
5 イ（堅持《けんじ》）
6 オ（派遣《はけん》）
7 イ（猛威《もうい》）
8 ア（依拠《いきょ》）
9 ウ（経緯《けいい》）
10 オ（尽力《じんりょく》）
11 エ（陣地《じんち》）
12 ウ（尋常《じんじょう》）
13 ウ（刺《さ》された）
14 ア（指《さ》す）
15 エ（覚《さ》める）

❸ 漢字の識別（↓本冊37ページ）

1 ウ（援軍《えんぐん》・援助《えんじょ》・援護《えんご》）
2 ケ（極致《きょくち》・極端《きょくたん》・至極《しごく》）
3 キ（婚礼《こんれい》・婚約《こんやく》・未婚《みこん》）
4 コ（暗黙《あんもく》・黙秘《もくひ》・黙殺《もくさつ》）
5 オ（迷走《めいそう》・低迷《ていめい》・迷子《まいご》）

❹ 熟語の構成（↓本冊38ページ）

1 イ（功罪《こうざい》。手柄⇕罪）
2 ウ（乾季《かんき》。乾燥した↓季節）
3 イ（雌雄《しゆう》。メス⇕オス）
4 ア（劣悪《れつあく》。どちらも「わるい」）
5 イ（因果《いんが》。原因⇕結果）
6 イ（賞罰《しょうばつ》。賞⇕罰）
7 エ（出荷《しゅっか》。出す↑荷を）
8 オ（不問《ふもん》。「問わず」と解釈）
9 エ（調髪《ちょうはつ》。ととのえる↑髪を）
10 エ（配慮《はいりょ》。配る↑心を）

❺ 部首（↓本冊39ページ）

1 ウ（ほこづくり・ほこがまえ）
2 エ（ちから）
3 イ（りっとう）
4 ア（かばね・しかばね）
5 イ（まだれ）
6 エ（れんが・れっか）
7 イ（はね）
8 ウ（げん）
9 エ（くるま）

意味 読み19［すぐれて立派な姿］

10 エ（ふるとり）

❻ 対義語・類義語（→本冊38ページ）

1 冷（加熱《かねつ》—冷却《れいきゃく》）
2 清（濁流《だくりゅう》—清流《せいりゅう》）
3 密（希薄《きはく》—濃密《のうみつ》）
4 油（警戒《けいかい》—油断《ゆだん》）
5 専（兼業《けんぎょう》—専業《せんぎょう》）
6 真（本気《ほんき》—真剣《しんけん》）
7 弁（釈明《しゃくめい》—弁解《べんかい》）
8 念（周到《しゅうとう》—入念《にゅうねん》）
9 栄（名誉《めいよ》—栄光《えいこう》）
10 奮（熱狂《ねっきょう》—興奮《こうふん》）

❼ 送りがな（→本冊39ページ）

1 唱える
2 備える
3 豊かな
4 交わる
5 閉ざす

❽ 四字熟語（→本冊40ページ）

1 利（薄利多売《はくりたばい》）
2 青（青息吐息《あおいきといき》）
3 天（驚天動地《きょうてんどうち》）
4 腹（抱腹絶倒《ほうふくぜっとう》）
5 散（離合集散《りごうしゅうさん》）
6 回（起死回生《きしかいせい》）
7 異（同工異曲《どうこういきょく》）
8 投（意気投合《いきとうごう》）
9 里（悪事千里《あくじせんり》）
10 転（心機一転《しんきいってん》）

❾ 誤字訂正（→本冊41ページ）

1 希→期（期待《きたい》）
2 助→除（駆除《くじょ》）
3 量→領（領域《りょういき》）
4 接→設（特設《とくせつ》）
5 点→展（展示《てんじ》）

❿ 書き取り（→本冊40ページ）

1 惑星
2 痛快
3 規模
4 防止
5 勤勉
6 危害
7 安否
8 権限
9 混雑
10 古巣
11 手並
12 浮
13 背筋
14 照
15 盛
16 節目
17 導
18 乳飲
19 行方
20 似

7日目 模《も》擬《ぎ》試験②

1 読み（→本冊42ページ）

1 くじょ
2 めいわく
3 いんきょ
4 すんか
5 しゅし
6 くっせつ
7 ゆうが
8 もくどく
9 せきさい
10 えいゆう
11 きはん
12 こちょう
13 けいはく
14 くりょ
15 びんそく
16 かいほう
17 しゅわん
18 もうい
19 はくりょく
20 かいきん
21 さび
22 にぶ
23 え（がら）
24 ほま
25 あた
26 うった
27 おと
28 たくわ
29 みね
30 さわ

2 同音・同訓異字（→本冊42ページ）

1 **エ**（監視《かんし》）
2 **イ**（歓呼《かんこ》）
3 **ア**（乾杯《かんぱい》）
4 **オ**（恐縮《きょうしゅく》）
5 **ウ**（凶作《きょうさく》）
6 **イ**（近況《きんきょう》）
7 **ウ**（冒頭《ぼうとう》）
8 **ア**（忙殺《ぼうさつ》）
9 **オ**（傍観《ぼうかん》）
10 **イ**（踏襲《とうしゅう》）
11 **エ**（唐突《とうとつ》）
12 **ウ**（奮闘《ふんとう》）
13 **オ**（吐《は》く）
14 **ア**（跳《は》ね返《かえ》った）
15 **エ**（恥《は》ずかしさ）

3 漢字の識別（→本冊43ページ）

1 **ケ**（鼓舞《こぶ》・太鼓《たいこ》・鼓動《こどう》）
2 **オ**（活躍《かつやく》・躍進《やくしん》・躍起《やっき》）
3 **ア**（微妙《びみょう》・機微《きび》・微動《びどう》）
4 **キ**（鮮明《せんめい》・新鮮《しんせん》・鮮度《せんど》）
5 **ウ**（依頼《いらい》・依拠《いきょ》・依存《いそん》）

4 熟語の構成（→本冊44ページ）

1 **イ**（栄枯《えいこ》。栄える⇔おとろえる）
2 **イ**（浮沈《ふちん》。浮く⇔沈む）
3 **ア**（皮膚《ひふ》。どちらも「はだ」）
4 **ウ**（傍線《ぼうせん》。わきの→線）
5 **オ**（不振《ふしん》。「ふるわない」と解釈）
6 **ア**（恩恵《おんけい》。どちらも「めぐみ」）
7 **エ**（捕球《ほきゅう》。捕る←球を）
8 **イ**（師弟《してい》。師⇔弟子）
9 **ウ**（即答《そくとう》。ただちに→答える）
10 **エ**（執筆《しっぴつ》。執る←筆を）

5 部首（→本冊45ページ）

1 **ア**（た）
2 **ア**（にんべん）
3 **エ**（ひらび・いわく）
4 **エ**（おと）
5 **ア**（よう・いとがしら）
6 **エ**（さんづくり）
7 **エ**（こころ）
8 **イ**（くにがまえ）
9 **エ**（ぶた・いのこ）

注意 漢字の識別5［「依存」は「いぞん」とも読む］

10 エ（くち）

❻ 対義語・類義語（→本冊44ページ）

1 盟（脱退《だったい》―加盟《かめい》）
2 略（繁雑《はんざつ》―簡略《かんりゃく》）
3 就（起床《きしょう》―就 寝《しゅうしん》）
4 原（被告《ひこく》―原告《げんこく》）
5 細（大要《たいよう》―詳細《しょうさい》）
6 格（及第《きゅうだい》―合格《ごうかく》）
7 警（用心《ようじん》―警戒《けいかい》）
8 蔵（備蓄《びちく》―貯蔵《ちょぞう》）
9 防（守備《しゅび》―防御《ぼうぎょ》）
10 応（加勢《かせい》―応援《おうえん》）

❼ 送りがな（→本冊45ページ）

1 危ぶむ
2 授かっ
3 果てる
4 築い
5 転がる

❽ 四字熟語（→本冊46ページ）

1 豊（豊年満作《ほうねんまんさく》）
2 腹（面従 腹背《めんじゅうふくはい》）
3 乱（狂喜乱舞《きょうきらんぶ》）
4 金（金科 玉条《きんかぎょくじょう》）
5 前（前人未到《ぜんじんみとう》）
6 必（信賞 必罰《しんしょうひつばつ》）
7 刀（一刀両断《いっとうりょうだん》）
8 有（有為転変《ういてんぺん》）
9 夫（創意工夫《そういくふう》）
10 器（大器晩成《たいきばんせい》）

❾ 誤字訂正（→本冊47ページ）

1 買→売（販売《はんばい》）
2 刷→察（観察《かんさつ》）
3 特→得（獲得《かくとく》）
4 偉→遺（遺跡《いせき》）
5 比→飛（飛来《ひらい》）

❿ 書き取り（→本冊46ページ）

1 密接
2 玄米
3 専念
4 本望
5 収集
6 訪問
7 辞任
8 発展
9 境内
10 小刻
11 厳
12 初恋
13 裏切
14 沿
15 値札
16 背負
17 補
18 仮
19 額
20 訳

9 次の各文にまちがって使われている**同じ読みの漢字**が**一字**ある。
上の（　）に誤字を、
下の［　］に正しい漢字を記せ。

各2点　／10

1 環境に配慮して、店頭で回収した衣料を再生し、販買する取り組みを始めた。（　）［　］

2 夏休みの恒例だった観刷日記の対象選びには、いつも悩んだものだ。（　）［　］

3 彼女は絶好調で二大会連続の勝利をおさめ、再びトロフィーを獲特した。（　）［　］

4 海外旅行の前には案内書を見て、巡りたい歴史上重要な偉跡を決める。（　）［　］

5 春にツバメが比来し農家の軒下に巣を作る光景が最近は珍しくなった。（　）［　］

---

10 **コキザ**みに頭がゆれている。（　）

11 教会のかねが**オゴソ**かに鳴り響く。（　）

12 **ハツコイ**の思い出を聞く。（　）

13 味方を**ウラギ**る行動に出る。（　）

14 川に**ソ**った道を父と散歩する。（　）

15 商品の**ネフダ**を外して贈る。（　）

16 娘を**セオ**って祭りから帰る。（　）

17 欠点を努力で**オギナ**う。（　）

18 **カリ**にも約束したら守るべきだ。（　）

19 ねこの**ヒタイ**ほどのささやかな庭。（　）

20 遅刻の言い**ワケ**を考える。（　）

7日間完成！　漢検４級
書き込み式　直前対策ドリル［三訂版］

初版発行　2022年5月14日
重版発行　2024年
編　　者　株式会社　旺文社
発 行 者　粂川秀樹
発 行 所　株式会社　旺文社

〒162-8680　東京都新宿区横寺町55
ホームページ　https://www.obunsha.co.jp/

印 刷 所　大日本印刷株式会社
製 本 所　大日本印刷株式会社

S4f129
ISBN978-4-01-092468-6

旺文社 お客様総合案内

●内容に関するお問い合わせは、弊社ホームページの「お問い合わせ」フォームにて承ります。
【WEB】旺文社 お問い合わせフォーム　https://www.obunsha.co.jp/support/contact
●乱丁・落丁など製造不良品の交換・ご注文につきましては下記にて承ります。
【電話】0120-326-615（土・日・祝日を除く10：00～16：00）

PP